にほんご かんたん

SPEAK JAPANESE

A TEXTBOOK FOR YOUNG STUDENTS

BOOK 2

Hisako Yoshiki

Kiyo Saka

Kenkyusha

Speak Japanese (**BOOK 2**)

Published by Kenkyusha Publishing Co., Ltd.
11-3, Fujimi 2-chome
Chiyoda-ku, Tokyo 102
Japan

First edition 1990

Printed in Japan by Kenkyusha Printing Co.
Cover art and illustrations by Masako Sazanami

ISBN 4-3-327-38424-0

PREFACE

The *Speak Japanese* Book 2 has been written for students who either finished Book 1 or have the equivalent knowledge of Japanese language. In this book, students will be exposed through realistic and meaningful activities, to more real-life situations to enable them to achieve a higher level of proficiency in communicating with Japanese people.

Many "More expressions on the topic" are given for each new language function throughout this book, but they do not have to be followed as they are. It is completely up to the teacher to select from or add to the list according to the students' needs.

Kanji is used quite naturally and abundantly in this book, and the stroke order is given for some basic ones. However, it is again completely left with the teacher to decide *which* Kanji *and how many of them* are to be mastered by the student.

For this reason, two parts of reading sections are given: one written in natural *Kanji-Kanamajiri* style and the other in *Kana* only for those who prefer to concentrate on oral proficiency first.

It is in the authors' hope that anyone who studies Japanese through this series will really enjoy learning Japanese. Learning Japanese is just like going to the circus. Have fun!

Our special thanks to the following people and institutions:
Bronwyn Dewar, Peter Grainger, Barbara Lau, Suzanne Phillips, teachers of Japanese in Queensland, Australia for giving invaluable comments and suggestions including the usage of English language.
Kyoko Bernard, Ayako Burton, Yokohama International School, Thomas Cole, Naoko Unno, The American School in Japan, for using and testing the materials.
Sue Hale, Principal, Middle School, A.S.I.J., Ray F. Downs, Headmaster, A.S.I.J., Fumiko Koide, Head of Japanese, Dokkyo-Himeji University, for giving us constant support and encouragement in tangible and intangible ways.
Tazuko Uyeno, Ph.D. Professor, Tokyo Woman's Christian University for going through the draft copy and giving valuable advice on the grammatical explanations.
Randy Bernstein, English teacher, Middle School, The American School in Japan, for his expertise in the English language and carefully checking that all the English expressions are correct and appropriate.

先生方へ

自然なコミュニケーションを目差すため、Book 2 の Activity には、より現実に近い、意味のあるものを選びました。また More expressions としてトピックに関連した語彙がふんだんに提示されていますが、これをどの程度学習させるかについては全く自由にお考えください。漢字の読み方、書き方の量についても同様、自由に取捨選択してください。書き順は基本的な漢字についてのみ提示してあります。話し方に重点を置くことによって学習の進度を速めたい場合は、全く漢字抜きでも学習できるように、並行して仮名のみの文も加えました。

ともあれ、Book 1, 2 を通しての著者の願いは年少の学習者に、楽しく日本語を学習してもらいたいということに尽きます。それは例えばサーカス見物にでも出かける時のような不思議にときめいた気分であってほしいものです。

も く じ

Topic : classroom

— Basic Expressions —

1. もう、はじめても いいですか。　May I start now ?

   ええ、はじめても いいです。　Yes, you may start.

   いいえ、まだ、はじめては いけません。　No, you may not start yet.

2. こたえを みても いいですか。　May I look at the answer ?

   ええ、いいです。　Yes, you may.

   いいえ、だめです。　No, you mustn't.

3. これ、かりても いいですか。　May I borrow this ?

   ええ、どうぞ。　Yes, certainly.

More expressions on the topic

えんぴつで、かいてもいいですか。	May I write with a pencil?
えいごで、いってもいいですか。	May I say it in English?
もう、いってもいいですか。	May I go now?
ここで、たべてもいいですか。	May I eat here?
テープを、きいてもいいですか。	May I listen to the tape?
いま、しゅくだいをしてもいいですか。	May I do my homework now?
もういちど、よんでもいいですか。	May I read it once more?
また、きてもいいですか。	May I come again?
ちょっと、きいてもいいですか。	May I ask you something?
しつもんしてもいいですか。	May I ask you a question?
これ、つかってもいいですか。	May I use this?

もう　already; yet　　はじめて（て form of はじめます）　はじめます　to start;
to begin　　～てもいい　(You) may do something　　いいですか　"Is it all right?"
まだ　not yet; still　　～てはいけません　(You) mustn't do something　　こたえ
answer　　だめ　"Don't!"; no good　　かりて（て form of かります）
かります　to borrow　　えいごで　in English　　また　again
しつもんして（て form of しつもんします）　しつもんします　to ask a question
つかって（て form of つかいます）　つかいます　to use

┌─ **せつめい　1** ─────────────────

Asking permission

もう、はじめてもいいですか。	May I start now?

If you want to ask permission, set up your sentence this way:
the て form of Verb＋も＋いいですか。

Ex.:　おてあらいにいってもいいですか。	May I go to the bathroom?
こたえをみてもいいですか。	May I look at the answer?

If you want to give permission, you say:

はい、どうぞ。	Yes, certainly.
ええ、いいですよ。	Yes, you may.
ええ、もちろん。	Yes, of course.

One thing you must be careful of when giving permission is how and

2

when to use the expression " ＿＿＿ てもいいです。(You may do something.)"

Ex.: **Q:** もう、はじめてもいいですか。

     A: ええ、(はじめても)いいです。　　(Yes, you may start.)

This is perfectly all right in the teacher-student situation OR parent-child situation. When you're talking with your brother or sister or close friend, you will use this expression, but in this case you'll probably use an informal speech style.

    Q: このほん、みてもいい。　　(with a rising intonation for a question)

    A: うん、みてもいいよ。

If you don't want to give permission, you say something like this, depending on how strongly you oppose.

Ex.: **Q:** これ、みてもいいですか。　　　　May I have a look at this ?

    A: とんでもない。　　　　　　　　No way !

       ぜったい、だめです。　　　　Absolutely not !

       いいえ、いけません。　　　　No, you can't do that.
                               (No, you mustn't.)

       いいえ、みないでください。　　No, please don't look.
                                 (This expression will be explained in L.1B. For now, just learn みないで as "Don't look.")

       そうですねえ。ちょっと…。　　Let me see. (I don't think so).

いいえ、いけません OR だめです may be too strong for you to use. These expressions are usually used by your teachers or parents who hold the authority over you. The same thing can be said about the expression " て form of Verb＋はいけません"

Ex.:

えんぴつでかいてもいいですか。　　May I write with a pencil ?
いいえ、えんぴつでかいてはいけません。No, you must not write with a pencil.

おてあらい　toilet　　とんでもない　"No way !"　　ぜったい　absolutely　　だめ "Don't !"; no good　　いけません　"Don't !"; no good　　そうですねえ　"Let me see."　　ねえ (an exclamation to show surprise when used at the end of a statement)

れんしゅう （1A-1-1）

Ask your teacher if it's all right to do these.

がっこうにおくれます。

1

ともだちのこたえをみます。

2

クラスでしゃべります。

3

グーグーグー

4

5

クラスでねます。

ガムをかみます。

6

けんかします。

7

らくがきします。

〜に おくれます to be late for しゃべります to talk; to chat ガム chew-ing gum かみます to chew

4

よみましょう　おぼえましょう

　　ここは にほんごの クラスです。アンとドナは にほんごの
れんしゅうを しています。

アン　　　： せんせい、ほんを みても いいですか。

せんせい： ええ、みても いいです。

ドナ　　　： せんせい、えいごで いっても いいですか。

せんせい： いいえ、えいごで いっては いけません。

　　　　　　にほんごで いってください。

読みましょう　おぼえましょう

　　ここは 日本語の クラスです。アンとドナは 日本語の れんしゅうを
しています。

アン： 先生、本を 見ても いいですか。

先生： ええ、見ても いいです。

ドナ： 先生、英語で 言っても いいですか。

先生： いいえ、英語で 言っては いけません。日本語で
　　　　言ってください。

かん字のれんしゅう　Kanji for Writing

1. 字（じ）

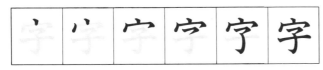

　*かん字（じ）

2. 見（み）

　*見（み）ないでください。

3. 日(に、にち、び)

　　*日本(にほん)
　　*日(にち)よう日(び)

4. 本(ほん)

　　*本(ほん)
　　*日本(にほん)

5. 言(い)う

ACTIVITY ▶ ▶ ▶

1. What sort of things would you ask your teacher if it's all right for you to do? Form pairs and practice with each other. First, you're the student and your partner is the teacher. Then you can switch your roles.

　　Think of other situations where you're asking permission and do the same.

Topic: Class rules

— Basic Expressions —

けんか しないで ください。　　　　　　Please don't fight.
　（みんな、なかよく して ください。）　　（Please be friends with
　　　　　　　　　　　　　　　　　　　everyone.）
みんな、いちどに、こないで ください。　Please don't come all at once.
　（ひとりずつ、きて ください。）　　　　（Please come one by one.）
ほんに、かかないで ください。　　　　　Please don't write in the book.
　（ノートに、かいて ください。）　　　　（Please write in your
　　　　　　　　　　　　　　　　　　　notebook.）

しゃべらないで
ください。

More expressions on the topic

　きょうしつの なかで、ものを たべないで　　Please don't eat in class.
ください。

　まだ、でないで ください。　　　　　　　　Please don't go yet.

　まだ、はいらないで ください。　　　　　　Please don't come in yet.

　しゃべらないで ください。　　　　　　　　No talking, please.

[7]

クラスに、おくれないでください。　Please don't be late for class.

ろうかを、はしらないでください。　Please don't run down the hall.

しゅくだいを、わすれないでください。　Please don't forget your homework.

みんな　everyone; everybody　　なかよくして　being friendly with　　いちどに　all at once　　ひとり　one person　　ずつ　each　　きょうしつ　classroom　　ろうか　hallway　　ものをたべます　to eat something　　しゃべらない　ない form of しゃべります　しゃべります　to chat ; talk

(ひとり)
ふたり　two people　　さんにん　three people　　よにん　four people　　ごにん　five people　　ろくにん　six people　　しちにん　seven people　　はちにん　eight people　　くにん；きゅうにん　nine people　　じゅうにん　ten people

せつめい 1

Asking someone NOT to do something

　クラスにおくれないでください。　　Please don't be late for class.

　You have already learned how to ask someone to do something for you.
　て form of Verb ＋ ください　(BK 1.　L. 20)
Ex.:　すわってください。　　Please sit down.

　If you want to ask someone NOT to do something, you say;
　the ない form of Verb ＋で＋ください

Ex.:　まだ、はじめないでください。　　Please don't start yet.

　the ない form is the plain form of ません。
Ex.:　たべません ＝ たべない

8

れんしゅう （1B-1-1）

These are the ない form of the verbs that you have learned in Book 1. Let's learn them by heart so that you can use them easily when necessary.

		Polite form		Plain form	
1	I won't start.	はじめ	ません	はじめ	ない
2	I won't eat.	たべ	ません	たべ	ない
3	I won't go out.	で	ません	で	ない
4	I won't sleep.	ね	ません	ね	ない
5	I won't forget.	わすれ	ません	わすれ	ない
6	I won't show.	みせ	ません	みせ	ない
7	I won't see.	み	ません	み	ない
8	I won't be (somewhere.)	い	ません	い	ない
9	I won't wake up.	おき	ません	おき	ない
10	I won't buy.	かい	ません	かわ	ない
11	I won't listen to.	きき	ません	きか	ない
12	I won't go back.	かえり	ません	かえら	ない
13	I won't go across.	わたり	ません	わたら	ない
14	I won't turn.	まがり	ません	まがら	ない
15	I won't enter.	はいり	ません	はいら	ない
16	I won't run.	はしり	ません	はしら	ない
17	I won't walk.	あるき	ません	あるか	ない
18	I won't stand.	たち	ません	たた	ない
19	I won't play.	あそび	ません	あそば	ない
20	I won't swim.	およぎ	ません	およが	ない
21	I won't take.	とり	ません	とら	ない
22	I won't come.	き	ません	こ	ない
23	I won't do.	し	ません	し	ない

れんしゅう (1B-1-2)

Ask someone NOT to do the following things, and ask him/her to do something else.

れい： write with a pencil　　　　えんぴつで <u>かかないで</u> ください。
　　　　　　　　　　　　　　　　　（ペンで かいて ください）

1　swim here　　　　　　　　ここで _____ ください。
　　　　　　　　　　　　　　　　　　　（　　　　　　　　　　）

2　play in the hall　　　　　ろうかで _____ ください。
　　　　　　　　　　　　　　　　　　　（　　　　　　　　　　）

3　read my book　　　　　わたしのほんを _____ ください。
　　　　　　　　　　　　　　　　　　　（　　　　　　　　　　）

4　take my eraser　　　　ぼくのけしごむを _____
　　　　　　　　　　　ください。　　　　（　　　　　　　　　　）

5　drink coffee　　　　　　コーヒーを _____ ください。
　　　　　　　　　　　　　　　　　　　（　　　　　　　　　　）

6　enter my room　　　　わたしのへやに _____ ください。
　　　　　　　　　　　　　　　　　　　（　　　　　　　　　　）

7　go across the road　　　みちを _____ ください。
　　　　　　　　　　　　　　　　　　　（　　　　　　　　　　）

8　turn at that corner　　あのかどを _____ ください。
　　　　　　　　　　　　　　　　　　　（　　　　　　　　　　）

れんしゅう (1B-1-3)

What would the teacher say if you did these?

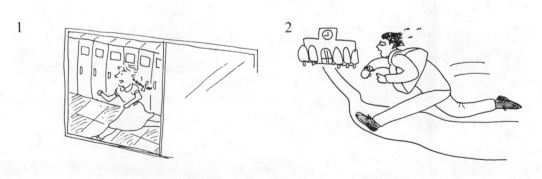

1　　　　　　　　　　　　　　　　2

3

4

5

6

8

7

れんしゅう (1B-1-4)

Ask your friend not to do these.

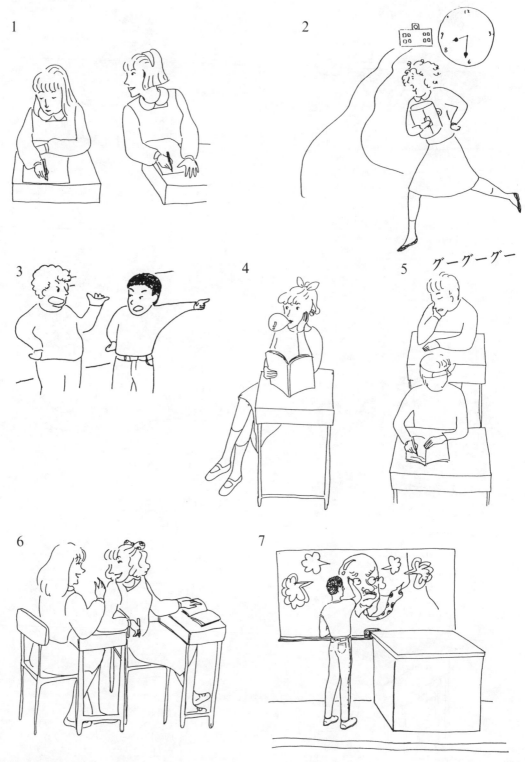

グーグーグー

よみましょう　おぼえましょう

　しけんが おわりました。

ミンサン：　おわりました。

　　　　　　もう、だしても いいですか。

ドナ　　：　わたしも おわりました。

ケント　：　ぼくも……

せんせい：　ちょっと、まって ください。

　　　　　　ひとりずつ だして ください。

　　　　　　みんな、いちどに こないで ください。

マリア　：　せんせい、おなかが すきました。

　　　　　　おべんとうを たべても いいですか。

せんせい：　とんでもない。

　　　　　　きょうしつの なかで、ものを たべないで ください。

　　　　　　ここは、しょくどうじゃ ありませんよ。

読みましょう　おぼえましょう

　しけんが 終りました。

ミンサン：　終りました。

　　　　　　もう、出しても いいですか。

ドナ　　：　わたしも 終りました。

ケント　：　ぼくも……

先生　　：　ちょっと、まって ください。

　　　　　　ひとりずつ 出して ください。

　　　　　　みんな、いちどに 来ないで ください。

マリア　：　先生、おなかが すきました。

　　　　　　おべんとうを 食べても いいですか。

先生　　：　とんでもない。

　　　　　　きょうしつの 中で、ものを 食べないで ください。

　　　　　　ここは、しょくどうじゃ ありませんよ。

かん字のれんしゅう　Kanji for Writing

6.　中（なか）

7.　出（で）ます

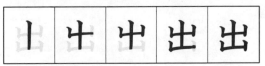

8.　入（はい）ります

9.　来（こ）ないでください。来（き）てください。

ACTIVITY ▶ ▶ ▶

1.　What sort of things would you ask someone NOT to do?

of your mother   of your teacher

14

of your classmate   of your best friend

of your next door neighbor

2. Today you have a new student in your class. He/She is Japanese and doesn't understand much English.   Your teacher has asked you to explain the rules and regulations at your school to him/her because you're studying Japanese. Here is your school guide.   You don't have to tell him/her all the rules.   Can you help so that he/she will have an easy start?

BE SAFE -Students are expected to:
  -keep walkways and locker areas clean.
  -walk, not run in the building.
  -only use sports equipment in the gym or outside.
  -leave skateboards at home as they are not considered safe or appropriate for school.
  -dress appropriately.   Shoes must be worn for safety's sake.   Moderation and good taste are in order.   Students dressed inappropriately will be asked to return home.
  -remain in the School area.   If you need other space, please check with the office so we can help you.

BE KIND -Students are expected to:

-talk quietly when in the hallways and respect the need for a quiet learning environment.

-use appropriate language; not words that might offend others.

-keep lockers, walls, and furniture free of writing and marks which are unsightly. Be proud of your building!

-show respect for all people and their native country.

-keep walkmans locked in your locker during school time.

-respect others' property: not going into their lockers, not hiding personal possessions as a joke, and returning found items to the Office.

-be honest and admit mistakes.

-follow the rules against cheating, plagiarism, and copying.

BE LEGAL -The following are considered **ILLEGAL** at the school:

-substance abuse which includes use of tobacco in any form, alcohol, or drugs.

-stealing, regardless of how small it may seem.

-cheating and plagiarism

-entering someone's locker without office permission.

Describing Situations

Topic: Talking about health

Basic Expressions

1. いま、ねつを はかっています。   I'm taking my temperature now.

2. あたまが いたいから、うちへ かえって、くすりを のんで、ねます。   Since I have a headache, I'll go home, take medicine and go to bed.

3. なにか たべると、おなかが いたいんです。   If I eat something, I'll have a stomachache.

4. さんじに、ねつを はかります。   I take my temperature at three o'clock.

More expressions on the topic

1.	あたまが、いたいです。	I have a headache.
2.	きもちが、わるいです。	I feel sick.
3.	はきけが、します。	I feel like vomiting.
4.	せきが、でます。	I cough.
5.	のどが、いたいです。	I have a sore throat.
6.	めまいが、します。	I feel dizzy.
7.	きぶんが、わるいです。	I'm not feeling well.
8.	つかれています。	I'm tired.
9.	ねつが、あります。	I have a (high) fever.
10.	かぜを、ひきました。	I caught a cold.
11.	けがを、しました。	I got hurt [injured].
12.	びょうきです。	I'm sick.
13.	＿＿＿ を、こっせつしました。	I have a broken ＿＿＿.
14.	＿＿＿ を、ねんざしました。	I have a sprained ＿＿＿.
15.	＿＿＿ が、かゆいです。	My ＿＿＿ is itchy.

ねつ fever; temperature　　はかって（て form of はかります）　　はかります
to measure　　あたま head　　いたい hurting　　くすり medicine
くすりを のみます to take medicine　　～と If; Whenever　　おなか stomach
に at ＿ o'clock　　きもち、きぶん feeling　　はきけ nausea　　せき cough
のど throat　　めまい dizziness　　つかれて（て form of つかれます）
つかれます to be tired　　かぜ a cold　　けが injury　　こっせつ broken
bone　　ねんざ sprained　　かゆい itchy

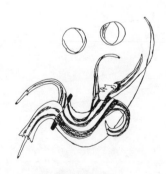

18

からだ

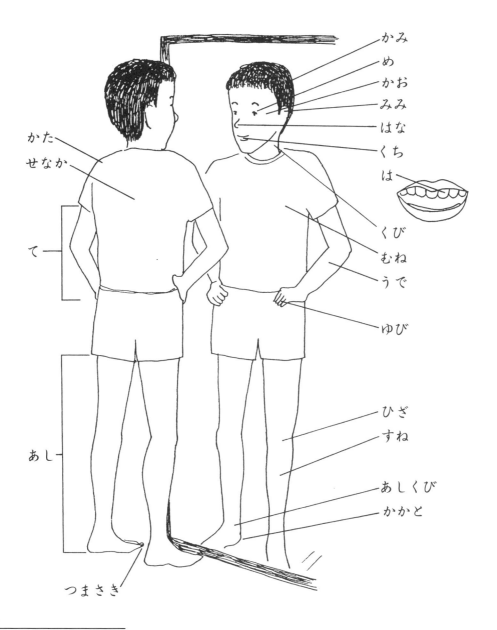

からだ	body	くち	mouth	ひざ	knee
かみ	hair	は	tooth	すね	shin
かお	face	むね	chest	あし	leg; foot
め	eye	せなか	back	あしくび	ankle
みみ	ear	かた	shoulder	かかと	heel
はな	nose	うで	arm	つまさき	toe
くび	neck	て	hand		
		ゆび	finger		

せつめい 1

Expressing that you're doing something

いま、ねつを はかっています。　　　　　I'm taking my/her/his temperature now.

If you want to say that you're right in the middle of doing something, set up your sentence this way.

the て form of Verb ＋ います

Ex.: アイスクリームをたべています。　　　I'm eating ice cream.

れんしゅう　(2-1-1)

Answer the following question.

れい：　*Question*: いま、なにをしていますか。

　　　　Answer: いま、しんぶんをよんでいます。

1　　　　　　　　2　　　　　　　　3

4　　　　　　　　5

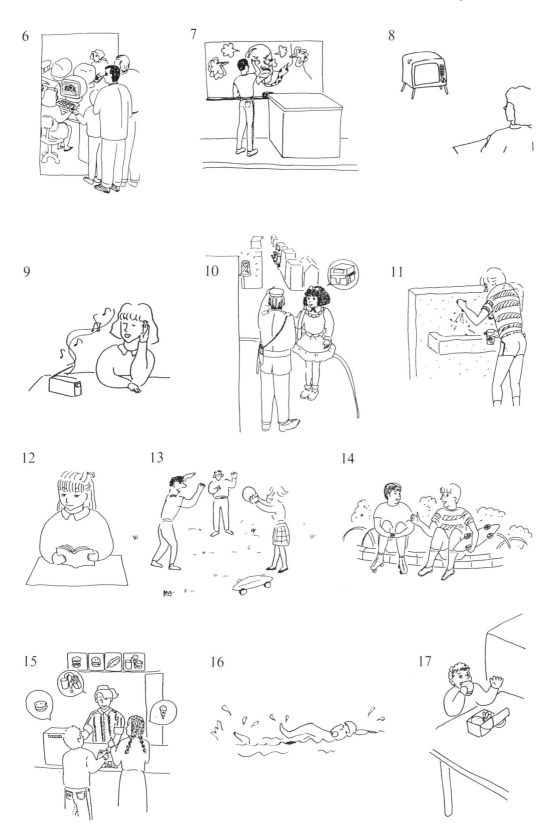

せつめい　2

Expressing two or more things that you do in one sentence

ねつをはかって、くすりをのんで、ねます。

I'll take my temperature, take some medicine, and go to bed.

When you want to say that you do this and that and so on in one sentence, use the て form of Verb. The て form has a function to combine more than two sentences.

かんごふさんは、ドナのねつをはかっています。⎤
かんごふさんは、かみにかいています。　　　　⎦

⇨ かんごふさんは、ドナのねつをはかって、かみにかいています。

(The nurse is taking Donna's temperature and is writing it down on a paper.)

はやく、がっこうへいきたいです。⎤
はやく、ともだちにあいたいです。⎦

⇨ はやく、がっこうへいって、ともだちにあいたいです。

(I want to go to school soon and see my friends.)

You can also use the て form of Adjective in the same way.

The て form of Adjective is formed by taking off い and adding くて.

(おおき⃠ ＋ くて　おおきくて)。

ドナは、おなかがいたいです。⎤
いま、ベッドにねています。　⎦

⇨ ドナは、おなかがいたくて、いま、ベッドにねています。

(Donna has a stomachache, so she is in bed now.)

The て form of です is で.

わたしは、ハンバーガーがだいすきです。⎤
まいにち、ハンバーガーがたべたいです。⎦

⇨ わたしは、ハンバーガーがだいすきで、まいにち、たべたいです。

(I love hamburgers, so I want to eat one everyday.)

おおきくて　(て form of おおきい)　　かんごふさん　nurse　　はやく　quickly; soon　あいたい　(たい form of あいます)　　あいます　to meet; to see　　ベッド bed

れんしゅう (2-2-1)

Tell your friend what you have done over the weekend.

れんしゅう (2-2-2)

Combine the two sentences into one. Make the necessary change in the Adjective in the first sentence of each pair.

れい： このがっこうは、おおきいです。

　　　＋ このがっこうは、たのしいです。

　　　　⇨このがっこうは、おおきくて、たのしいです。

このアイスクリームはつめたいです。

＋ このアイスクリームはおいしいです。

　⇨ _____

このいぬはおおきいです。＋このいぬはこわいです。

　⇨ _____

あのレストランはあたらしいです。＋あのレストランはおいしいです。

　⇨ _____

そのこどもはあたまがいいです。＋そのこどもはかわいいです。

　⇨ _____

_____

たのしい　fun; enjoyable　　こわい　scary　　あたまがいい　intelligent

れんしゅう (2-2-3)

Combine the two sentences into one.　Make the necessary change in the first sentence of each pair.

れい：　　かんごふさんがねつをはかっています。｜
　　　　　かんごふさんがノートにかいています。｜

　　　　⇨かんごふさんがねつをはかってノートにかいています。

1.　こくばんのひらがなをよみます。｜
　　ノートにかきます。

　　⇨ --

2.　あのねこはちいさいですね。｜
　　あのねこはかわいいですね。｜

　　⇨ --

3.　みせでくだものをかいます。｜
　　うちへかえります。
　　たべます

　　⇨ --

4.　おとうとはさかながきらいです。｜
　　おとうとはさかなをぜんぜんたべません。｜

　　⇨ --

5.　いま、はがいたいです。｜
　　きぶんがわるいです。｜

　　⇨ --

6.　これはカナダのちずです。｜
　　これはにほんのちずです。｜

　　⇨ --

カナダ　Canada

せつめい **3**

Expressing "If" and "When"

なにかたべると、おなかがいたいんです。　If I eat something, I'll have
　　　　　　　　　　　　　　　　　　　a stomachache.

Dictionary form of Verb ＋ と、＿＿＿ です。(OR Verb ます。)

This way of expressing "If" and "When" works only if the latter part of
the sentence ends in either "＿＿＿ です。" OR "＿＿＿ ます。"

In other words, you can't use it in the sentences where one says, "If you
come home early, will you play tennis?" OR "When you go to school
tomorrow, please see the principal."

This expression is also very useful in giving a direction.

Ex.: このみちを、まっすぐいくと、　If you go straight along this road,
　しんごうがあります。　　　　　　　there's a set of traffic lights.

This is first time that you have seen the dictionary form of verbs. The
dictionary form has the same meaning and function as the ます form, and is
used in informal speech. In the middle of the sentence, the verb usually
takes the dictionary form.

In lesson 1 you learned the ない form of the verb. To say "If you don't
do something," set up your sentence this way:

The ない form of Verb ＋ と、(＿＿＿ ます。OR ＿＿＿ です。)

Ex.: べんきょうしないと、せんせい　(If we don't study, our teacher
　がおこります。　　　　　　　　　　will be angry with us.)

　たべないと、おなかがすきます　(If you don't eat, you'll be
　よ。　　　　　　　　　　　　　　hungry.)

　はやくおきないと、がっこうに　(If you don't hurry and get
　おくれますよ。　　　　　　　　　up, you'll be late for school.)

In the Japanese language, verbs are classified into three different groups:

Group 1 verbs ―いちだん Verb

the ます form (Polite)	Dictionary form	the ない form (Plain Negative)
たべ ます	たべ る	たべ ない
はじめ ます	はじめ る	はじめ ない
で ます	で る	で ない
ね ます	ね る	ね ない
わすれ ます	わすれ る	わすれ ない
みせ ます	みせ る	みせ ない
おくれ ます	おくれ る	おくれ ない
み ます	み る	み ない

い ます	い る	い ない
おき ます	おき る	おき ない
かり ます	かり る	かり ない

When you take a look at these verbs, you notice that the stem of all these verbs ends in either えだん（え、け、せ、て、ね、へ、め、れ、etc.）OR いだん（い、き、し、ち、に、ひ、み、り、etc.）

That means there is no sound change in the stem of a verb. This group of verbs is called いちだん verb.

Group 2 verbs － ごだん Verbs

Now, let's take a look at the 2nd group of verbs in the same way.

かい ます	かう	かわ ない
つかい ます	つかう	つかわ ない
きき ます	きく	きか ない
かき ます	かく	かか ない
あるき ます	あるく	あるか ない
たち ます	たつ	たた ない
まち ます	まつ	また ない
わたり ます	わたる	わたら ない
まがり ます	まがる	まがら ない
とり ます	とる	とら ない
あそび ます	あそぶ	あそば ない
およぎ ます	およぐ	およが ない
のみ ます	のむ	のま ない
よみ ます	よむ	よま ない
いき ます	いく	いか ない
かえり ます	かえる	かえら ない
はいり ます	はいる	はいら ない
はしり ます	はしる	はしら ない

You will find the following rules for these verbs:

1. The dictionary form does not have the suffix and it ends in うだん（う、く、す、つ、ぬ、ふ、む、ゆ、る、etc.）
2. The stem of the ない form ends in あだん（あ、か、さ、た、な、は、ま、や、ら、わ、etc.）and the stem of the ます form ends in いだん（い、き、し、ち、に、ひ、み、り、etc.）

This type of verb is called the ごだん verb.

The third group of verbs is the irregular verb. There are only two irregular verbs in the Japanese language. They are きます (to come) and します (to do).

| し ます | する | し ない |
| き ます | くる | こ ない |

べんきょうしない （ない form of べんきょうします） べんきょうします to study おこります to be angry

れんしゅう （2-3-1）

Change the verb forms and put them into the suitable blanks.

	－ ます	－ て	dictionary form	－ ない
れい	たべます	たべて	たべる	たべない
1	みます		みる	
2		いって	いく	
3	およぎます	およいで		およがない
4	あいます	あって		
5			かく	かかない
6	まちます	まって		
7		のんで		のまない
8	あそびます		あそぶ	
9		はなして	はなす	
10	きます	きて		
11	します	して		
12	かきます			かかない

れんしゅう (2-3-2)

Complete the sentences.

れい：　このみちをまっすぐいくと、<u>がっこうがあります</u>。

1.　なつやすみがくると、<u>   </u>。

2.　らくがきをすると、<u>   </u>。

3.　100えんのりんごを 3 つかうと、<u>   </u>。

4.　<u>   </u>と、かぜをひきますよ。

5.　<u>   </u>と、ねつがでます。

れんしゅう (2-3-3)

Tell your friend how to get to your house from the station.

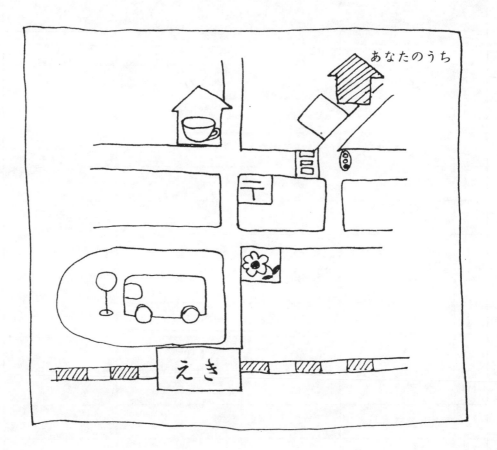

なつやすみ　summer vacation

れんしゅう (2-3-4)

What do you say in these situations? Use the expression – " – ないと……"

1. (come)

2. (go)

3. (run)

せつめい 4

Indicating the specific time when something takes place

さんじに、くすりをのみます。 I'll take medicine *at* three o'clock.

In indicating the specific time when something happens OR when you do something, use the particle に after the time word.

Ex.: なんねんに、にほんへきまし た か。 When (*In* what year) did you come to Japan ?

にちようびに、およぎます。 I swim *on* Sundays.

ろくじに、おきます。 I get up *at* six o'clock.

なつやすみに、ダイビングを します。 I'll go diving *during* the summer vacation.

れんしゅう (2-4-1)

ドナはいま、びょういんにいます。これはドナのいちにちです。

れい：

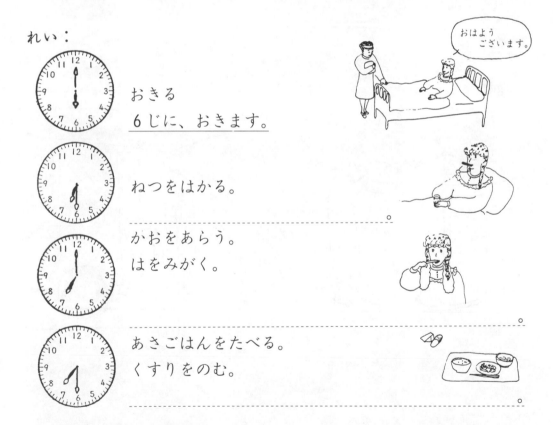

おきる
6じに、おきます。

ねつをはかる。

－－－－－－－－－－－－－－－－－－－－－－－－－－－。

かおをあらう。
はをみがく。

－－－－－－－－－－－－－－－－－－－－－－－－－－－。

あさごはんをたべる。
くすりをのむ。

－－－－－－－－－－－－－－－－－－－－－－－－－－－。

びょういん hospital　いちにち one day　あらって（て form of あらいま す）あらいます to wash　みがきます to polish　はをみがきます to brush teeth

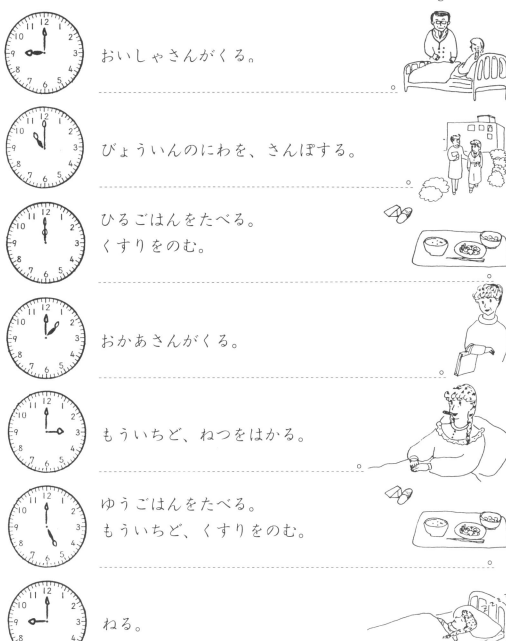

おいしゃさんがくる。

びょういんのにわを、さんぽする。

ひるごはんをたべる。
くすりをのむ。

おかあさんがくる。

もういちど、ねつをはかる。

ゆうごはんをたべる。
もういちど、くすりをのむ。

ねる。

___

れんしゅう (2-4-2)

あなたのいちにちはどんないちにちですか。はなしてください。

___

さんぽ a walk ; a stroll   さんぽします to take a walk   ゆうごはん   supper
はなして （て form of はなします） はなします   to talk ; to speak

● One step further

_____んです。

You may have noticed that the Japanese often use this style of speech:
Instead of いきますか they say いくんですか。

Let's look at some other examples.

これは、おいし<u>ん</u>ですよ。　This is surely <u>very tasty</u>.

はやく、ともだちに、あいたい<u>ん</u>です。　　I <u>really</u> want to see my friend soon.

いま、べんきょうする<u>ん</u>です。　I <u>am</u> going to study now.

_____んです is a reduced form of _____ のです. It has the function of adding your personal feelings emphatically into the speech. It also adds the meaning of giving and asking for an explanation.

Ex.:　どうして、がっこうへ　　　（Why aren't you going to school?）
　　　いかない<u>ん</u>ですか。

　　　いきたくない<u>ん</u>です。　　（<u>Because</u> I don't want to.）

When you want to use _____んです, set up your sentence this way:

Verb:	dictionary form (the ない form、なかった)
	the たい form （たくない、たかった、 　　　　　　たくなかった）
Adjective:	_____い（くない、かった、くなかった）
Noun:	_____な（じゃない、じゃなかった）

＋んです。

Ex.:

Verb	Adjective	Noun
いくんです	おいしいんです	ぼくなんです
いかないんです	おいしくないんです	ぼくじゃないんです
いかなかったんです	おいしかったんです	ぼくじゃなかったんです
いきたいんです	おいしくなかったんです	
いきたかったんです		
いきたくなかったんです		

32

よみましょう　おぼえましょう

　ここは、にっせきびょういんです。ドナは、おなかが いたくて、
ベッドに ねています。ベッドの そばに テレビが あって、
そのうえに ちいさくて かわいい うさぎの ぬいぐるみが あります。
へやの なかに、おいしゃさんと かんごふさんが います。
かんごふさんは、まいにち さんじに ねつを はかります。
いま、かんごふさんは、ドナの ねつを はかって、かみに かいて
います。

おいしゃさん：　きぶんは どうですか。

ドナ　　　　：　なにか たべると、おなかが いたいんです。

おいしゃさん：　ねつは。

かんごふさん：　もう、ありません。

ドナ　　　　：　せんせい、もう、うちへ かえっても いいでしょう。
　　　　　　　　はやく がっこうへ いって、ともだちに
　　　　　　　　あいたいんです。

おいしゃさん：　まだ、ちょっと はやいですね。
　　　　　　　　あさってまで がまん してください。

にっせき　Japan Red Cross　　うえ　top, on, over
そのうえに　on the top of　　あさって　the day after tomorrow
がまんして（て form of がまんします）　　がまんします　to be patient

読みましょう　おぼえましょう

　　ここは、日赤病院です。ドナは、おなかが いたくて、ベッドに
ねています。ベッドの そばに テレビが あって、その上に
小さくて かわいい うさぎの ぬいぐるみが あります。
へやの中に、おいしゃさんと かんごふさんが います。
かんごふさんは、毎日 三時に ねつを はかります。
今、かんごふさんは、ドナの ねつを はかって、紙に 書いています。

おいしゃさん：　　きぶんは、どうですか。
ドナ　　　　　：　　何か 食べると おなかが いたいんです。
おいしゃさん：　　ねつは。
かんごふさん：　　もう、ありません。
ドナ　　　　　：　　先生、もう、うちへ 帰っても いいでしょう。
　　　　　　　　　　早く 学校へ 行って、友だちに 会いたいんです。
おいしゃさん：　　まだ、ちょっと 早いですね。
　　　　　　　　　　あさってまで がまん してください。

かん字のれんしゅう　Kanji for Writing

1. 行(い)く

2. 友(とも)

*友(とも)だち

3. 会(あ)う

34

4. 目(め)

5. 耳(みみ)

6. 口(くち)

7. 一(いち、ひと)

　　*一人前(いちにんまえ)
　　*一(ひと)つ

8. 二(に、ふた)

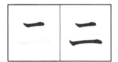

　　*二人前(ににんまえ)
　　*二(ふた)つ

9. 三(さん、みっつ)

　　*三丁目(さんちょうめ)
　　*三(みっ)つ

10. 手(て)

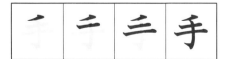

11. 足（あし）

よみかえ

　来（く）る

　　*お母（かあ）さんが来（く）る。

ACTIVITY ▶ ▶ ▶

1.　You're an exchange student at a Japanese school.　You're not feeling well today.　Go to your teacher and explain your condition and ask him/her if you can be excused to go home early.　Form pairs and role play this.

2.　You own a travel agency.　The Japanese tourists often come to your office for advice because you speak Japanese.　When they come to your office, describe these places to them so that they would be interested in visiting them.
　　(1)　Hotel　(big, new, near the park)
　　(2)　Restaurant　(good food, inexpensive)
　　(3)　Park　(old, interesting, can rollerskate)
　　(4)　Shopping Center　(lots of expensive, good shops)

3.　You're a doctor.　Your patient tells you about three of his/her problems. Take them down and give him/her your advice.

Making Decisions

Topic: Ordering take away or home delivery

Basic Expressions

1. おなかが すいたので、でまえを　Since we're hungry, we've decided
   とる ことに しました。　to order home delivered food.

2. わたしは、おすしに します。　I've decided on *sushi*.
   　(I've decided to have *sushi*.)

3. ごはんを つくらないで、　We ordered home delivered food
   でまえを とりました。　instead of cooking a meal.

4. おそばは、すきじゃ ないです。　I don't like noodles.

---

1 もりそば、ざるそば

Buckwheat noodles, boiled
and drained.　Served cold.

2 すし

3 うどん　Noodles

4 ラーメン
Chinese noodles

5 やきそば　Chow mein

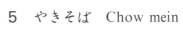

6 てんどん

7 おやこどんぶり

8 ピザ　pizza

おやこどんぶり　(Chicken, onion, eggs cooked in sauce to be served as a topping for rice.)

てんどん　(A bowl of rice served with deep-fried prawns as topping.)

More expressions on the topic

For the person who is ordering:

でまえ、おねがいできますか。 — Could I have ＿＿ delivered, please?

＿＿ をひとつと、＿＿ をふたつ。 — One ＿＿ and two ＿＿.

（じかんは）どのくらいかかりますか。 — How long will it take?

なるべく、はやくしてください。 — Please make it as soon as possible.

だいしきゅう、おねがいします。 — Please make it right away.

For the person who gets the order:

はい、かしこまりました。 — Yes, certainly.

(the name of the place) の
(the name of the person) ですね。 — It's (the name of the person) At (the name of the place), isn't it?

いま、こんでいるので、ちょっと
じかんがかかりますけど。 — Since we're busy at the moment, it'll take a while.

（まいど）、ありがとうございます。 — Thank you very much (for ordering often).

でまえ　take away or home delivery (In Japan, some meals can be ordered from restaurants to be delivered to your house.)　　－ことにします　to decide to do something　　おすし　polite equivalent of *sushi*　　－にします　to decide on something　　ごはん　meal　　つくらない　won't make　　つくります　to make　　ごはんをつくります　to cook a meal　　おねがいします　to ask (to do something)　　どのくらい　"How much?" "How long?"　　かかります　to take time; to cost　　なるべく　as... as possible　　だいしきゅう　immediately; right away　　かしこまりました　certainly　　こんでいる　to be crowded　　まいど　every time

せつめい　1

Expressing decision making

でまえをとることにしました。　　I've decided to order home delivered
food.

When you decide to do something, say it like this:
Dictionary form of Verb ＋ こと ＋ に ＋ します。（する）

Ex.:　こんやは、ピザをたべることにしました。　　I've decided to eat
pizza tonight.

Likewise, you can express that you've decided NOT to do something in the
same way by saying:
ない form of Verb ＋ こと ＋ に ＋ します。

Ex.:　あした、がっこうへいかないこと　　I've decided not to go to
にしました。　　school tomorrow.

こんや　tonight

れんしゅう （3-1-1）

なにをとることにしますか。

ラーメン
1

おやこどん
2

すし
3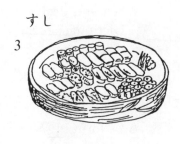

てんどん
4

ピザ
5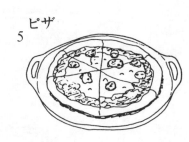

やきそば
6

うどん
7

ざるそば
8

れんしゅう (3-1-2)

What have you decided to do over the vacation? Look at the pictures and tell your classmates about your plans.

せつめい **2**

Expressing decision making in a simpler way

わたしは、ハンバーガーにします。 I'll have (I've decided on) a hamburger.

If you want to say that you've decided on <u>something</u>, say it this way:
Something ＋ に ＋ します。

Ex.:

なんにしますか。 What are you going to have (have you decided on)?

わたしは、おすしにします。 I'll have *sushi*. (I've decided on *sushi*.)

いつ、いきますか。 When are you going?

あしたにします。 I'll go tomorrow. (I've decided on tomorrow.)

You can also say:

ぼくは、ハンバーガーがいいです。 I prefer a hamburger.

れんしゅう (3-2-1)

Look at a menu. Form pairs and decide what you're going to have for lunch.

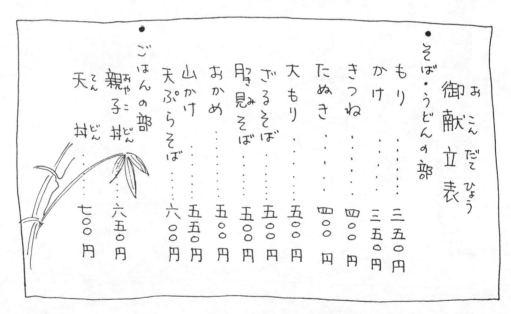

おこんだてひょう 御献立表

そば・うどんの部

もり ………………… 三五〇円
かけ ………………… 三五〇円
きつね ……………… 四〇〇円
たぬき ……………… 四〇〇円
大もり ……………… 五〇〇円
ざるそば …………… 五〇〇円
月見そば …………… 五〇〇円
おかめ ……………… 五五〇円
山かけ ……………… 六〇〇円
天ぷらそば ………… 六〇〇円

ごはんの部

親子丼 ……………… 六五〇円
天丼 ………………… 七〇〇円

きつね（うどん、そば） Noodles topped with fried bean curd, seasoned with soy sauce and sugar.

たぬき（うどん、そば） Noodles topped with fried *tempura* batter (no prawns inside)

┌─ せつめい **3** ─┐

Expressing doing something instead of something else

ゆうごはんをつくらないで、でまえをと　　Instead of cooking dinner,
りました。　　　　　　　　　　　　　　they ordered home delivered
　　　　　　　　　　　　　　　　　　　food.

You learned the ない form of Verb ＋ で in Lesson 1. This form of verbs
can also mean "instead of doing something."

Ex. :

べんきょうしないで、テレビをみました。　Instead　of　studying,　I
　　　　　　　　　　　　　　　　　　　watched TV.
ハワイへいかないで、オーストラリアへ　　I went to Australia instead
いきました。　　　　　　　　　　　　　of going to Hawaii.

れんしゅう　　(3-3-1)

Combine the following pairs of sentences into one. Make the necessary change
in the first sentence of each pair.

れい：　プールでおよぎません。＋ うちでテレビをみます。

⇨ プールでおよがないで、うちでテレビをみます。

1.　がっこうへいきません。＋ うちでべんきょうします。

⇨ _____ 。

2.　ケーキをたべません。＋ おちゃをのみます。

⇨ _____ 。

3.　そとであそびません。＋ うちでゲームをします。

⇨ _____ 。

4.　タクシーにのりません。＋ バスでかえります。

⇨ _____ 。

5.　えいがをみません。＋ ビデオをみます。

⇨ _____ 。

_____

ハワイ　Hawaii　　ビデオ　video

せつめい　**4**

Indicating what you want to deny

　　ぼくは、おそばはすきじゃないです。　　　I don't like buckwheat noo-
　　　　　　　　　　　　　　　　　　　　　　dles.

Remember when you said that you liked something, could do something, OR wanted to have something, you said:

　　ぼくは、りんごがすきです。
　　わたしは、じょうばができます。
　　ぼくは、スケートボードがほしいです。

When you want to specify what you don't like, can't do, OR don't want to have, change the particle が to は.

　　（ぼくは）りんごはすきじゃないです。　　I don't like apples (but I
　　　　　　　　　　　　　　　　　　　　　　like something else).

　　（わたしは）じょうばはできません。　　　I can't ride a horse (but I
　　　　　　　　　　　　　　　　　　　　　　can do something else).

　　（ぼくは）スケートボードはほしくないです。I don't want a skateboard
　　　　　　　　　　　　　　　　　　　　　　(but I want something else).

　In this way, by replacing the particle が with は、you can indicate the word/phrase that is being denied.

　The same thing can be done to the particle を in a sentence like:

　　コーヒーをのみますか。　　　　　　　　　Do you drink coffee?
　　いいえ、ぼくは、コーヒーはのみません。　No, I don't drink coffee.
　　　　　　　　　　　　　　　　　　　　　　(but I'll drink something
　　　　　　　　　　　　　　　　　　　　　　else.)

　In the case of だれ、なに、どこ、どれ、どっち、the particle は doesn't replace the particle を／が.

れんしゅう　　（3-4-1）

Answer the question.

れい：　　　　*Question :*　すきですか。

　　　　　　　Answer　:　いいえ、ハンバーガーはすきじゃないです。

（1）　　　　　　　　　いいえ、--。

(2) いいえ、_____。

(3) いいえ、_____。

(4) いいえ、_____。

(5) いいえ、_____。

(6) いいえ、_____。

(7) いいえ、_____。

Complete the sentences.

Question :　できますか。

Answer :

(1) いいえ、_____。

(2) いいえ、_____。

(3) いいえ、_____。

(4) いいえ、_____。

せつめい　5

Expressing in an informal way what you have done

おにいさんも、おねえさんも<u>でかけた</u>。　　　Both my big brother and sister have gone out.

You have already learned how to say what you have done in a formal way.　You have changed the suffix <u>ます</u> to <u>ました</u>.　Then how would you say that in an informal way?　Change て of the <u>て form</u> into た.　This is the <u>た form</u>.　Note that the dictionary form is the plain form of the <u>ます form</u> and that the <u>た form</u> is the plain form of the <u>ました form</u>.

Ex.　おなかが<u>すきました</u>。　　　おなかが<u>すいた</u>。

The dictionary form of <u>です</u> is <u>だ</u>.　The <u>た form</u> of <u>でした</u> is <u>だった</u>.　In the middle of a sentence, the plain form is usually used.

Ex. :

なにか<u>たべる</u>と、おなかがいたいです。　　If I eat something, I'll have a stomachache.

おにいさんも、おねえさんも<u>でかけた</u>ので、こんやはわたしたち、ふたりだけです。　　Since both my big brother and sister have gone out tonight, just two of us are at home.

こんやは、<u>ふたりだけだ</u>から、でまえをとりましょう。　　Since just two of us (are at home) tonight, let's order home delivered food.

れんしゅう　(3-5-1)

Change the て form into the た form, and then give the <u>ました</u> form for each verb.

れい :　のんで　　　<u>のんだ</u>　　　<u>のみました</u> (drank)

1.　たべて　　　-------------------　　　-------------------
2.　かいて　　　-------------------　　　-------------------
3.　みて　　　-------------------　　　-------------------
4.　とって　　　-------------------　　　-------------------
5.　あそんで　　　-------------------　　　-------------------
6.　かって　　　-------------------　　　-------------------

れんしゅう (3-5-2)

Change the following sentences into the plain form.

れい： みずをのみました。　　　みずをのんだ。

1. おすしをたべました。　　　　　_____。
2. てがみをかきました。　　　　　_____。
3. えいがをみました。　　　　　　_____。
4. こうえんで、あそびました。　　_____。
5. きってをかいました。　　　　　_____。
6. でまえをとりました。　　　　　_____。
7. がっこうへ、いきました。　　　_____。
8. しゅくだいをしました。　　　　_____。
9. のどが、かわきました。　　　　_____。
10. おなかが、すきました。　　　　_____。

れんしゅう (3-5-3)

Use から and ので to combine the two sentences into one. Make the necessary change in the verb forms.

れい： おなかがすきました。だからでまえをとりました。

おなかがすいた<u>から</u>でまえをとりました。
おなかがすいた<u>ので</u>でまえをとりました。

1. のどがかわきました。だからみずをのみました。

_____。
_____。

2. みんなででかけました。だからこんやはふたりだけです。

_____。
_____。

3. でんわばんごうがわかりません。だからでんわをしません。

_____。
_____。

4. そばやがこんでいます。だからうちで ゆうごはんをたべます。

{ --- 。
  --- 。

5. あしたがっこうへいかないことにしました。だからしゅくだいを
   しなくてもいいです。

{ --- 。
  --- 。

よみましょう　おぼえましょう

When you study the dialogue, pay special attention to the style of speech. What type of speech style is used between Shinji and mother? What about Shinji and the person from the restaurant? Why are they different? Are the speech styles of Shinji and his mother different? Why? In what way?

きんようびの　よるです。おとうさんは、しごとで おおさかに
いって るすです。おにいさんも おねえさんも でかけたので、
こんやは おかあさんと しんじ だけです。おかあさんは
ゆうごはんを つくらないで、でまえを とる ことにしました。

しんじ：　おかあさん、おなかが すいた。ごはん、まだ。
はは　：　きょうは、ふたりだけだから、おそばか なにか
　　　　　とりましょう。
しんじ：　やった！　でも ぼく、おそばは すきじゃない。
はは　：　じゃあ、しんちゃんは、なにが いいの。
しんじ：　ぼくは、おやこどんぶりが いい。おかあさんは。
はは　：　そうねえ。わたしは、てんどんに するわ。
しんじ：　3-9-4の 0-9-5-9　もしもし。
そばや：　はい、わかたけです。
しんじ：　あのう、さんちょうめの おがわですけど、でまえ
　　　　　おねがい できますか。
そばや：　はい、まいど ありがとうございます。

しんじ：　おやこどんぶり ひとつと、てんどん ひとつ、
　　　　　だいしきゅう、もってきて ください。

そばや：　いま、ちょっと こんでいるので、いちじかんぐらい
　　　　　かかりますけど、いいですか。

しんじ：　ええ、いいです。	OR しんじ：　いちじかん！
おねがいします。	じゃあ、いいです。
そばや：　おやこどんと てんどん、	そばや：　どうも すみません。
いちにんまえずつ ですね。	また おねがいします。
しんじ：　ええ、なるべく はやく	
おねがいします。	
そばや：　はい、かしこまりました。	

　　"ええ、いいです。" means agreement.　It is a sort of an equivalent to the English expression "That's fine."

　　"じゃあ、いいです。" means disagreement.　It means "In that case, forget it!"

読みましょう　おぼえましょう

　　金曜日の よるです。お父さんは、仕事で 大阪（おおさか）に 行って るすです。お兄さんも お姉さんも 出かけたので、こんやは お母さんと 伸二 だけです。お母さんは 夕ごはんを 作らないで、出前を とる ことにしました。

伸二　：　お母さん、おなかが すいた。ごはん、まだ。

母　　：　きょうは、二人だけだから、おそばか 何か
　　　　　とりましょう。

伸二　：　やった！　でも ぼく、おそばは すきじゃない。

母　　：　じゃあ、伸ちゃんは、何が いいの。

伸二　：　ぼくは、親子どんぶりが いい。お母さんは。

母　　：　そうねえ。わたしは、天どんに するわ。

伸二　：　3-9-4の 0-9-5-9　もしもし。

そばや：　はい、わか竹です。

伸二　：　あのう、三丁目の 小川ですけど、出前 おねがい
　　　　　できますか。

そばや：　はい、まいど ありがとうございます。

伸二　：　親子どんぶり 一つと、天どん一つ、大しきゅう、
　　　　　もってきて ください。

そばや：　いま、ちょっと こんでいるので、一時間ぐらい
　　　　　かかりますけど、いいですか。

| 伸二　：　ええ、いいです。
　　　　　おねがいします。 | OR　伸二：　一時間！
　　　　　　　じゃあ、いいです。 |
| そばや：　親子どんと 天どん、
　　　　　一人前ずつ ですね。 | そばや：　どうも すみません。
　　　　　また おねがいします。 |

伸二 ： 　ええ、なるべく　早く

　　　　　おねがいします。

そばや： 　はい、かしこまりました。

_____

おおさか　Osaka (a name of a city in Japan)　　るす　not at home
でかけた　have gone out (た form of でかけます)　　でかけます　to go out
ので　therefore; so　　だけ　only　　ゆうごはん　supper　　－かなにか　－ or
something　　やった　"I've done it!"; "Great!"　　どんぶり（どん）（a large
bowl to serve rice or noodles with a different choice of toppings）
そうねえ　そうですねえ　　わ（a particle used only by a female speaker at the end
of sentences）　　わかたけ　WAKATAKE (a name of a restaurant)
さんちょうめ　3 cho-me (Cho-me is a term often used for addresses in Japan.)
もってきて（て form of もってきます）　　もってきます　to bring
いちじかん　one hour　　いちにんまえ　one serving

かんじのれんしゅう　Kanji for Writing

１．金（きん）

＊金（きん）よう日（び）

２．夕（ゆう）

＊夕（ゆう）ごはん

３．人（にん、り）

＊二人（ふたり）
＊一人前（いちにんまえ）

4. 四(し、よ、よん)

　*四(よっ)つ
　*四(よ)ねんせい

5. 五(ご、いつ)

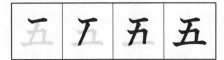

　*五(いつ)つ

6. 六(ろく、むっ)

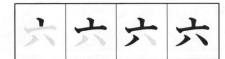

　*六(むっ)つ

7. 竹(たけ)

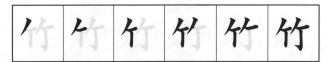

　*わか竹(たけ)

8. 何(なに、なん)

　*何(なに)がいい。
　*何人(なんにん)いますか。
　*何(なん)ねんせいですか。

9. 丁(ちょう)

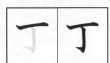

　*三丁目(さんちょうめ)

10. 大(だい)、大(おお)きい

　　*大(だい)しきゅう
　　*大阪(おおさか)
　　*大(おお)きい

11. 母(かあ)

　　*お母(かあ)さん

　よみかえ
　　二(じ)
　　　*伸二(しんじ)
　　母(はは)

●One step further

When an adult talks to a young person, he/she tends to use a plain style in order to show friendliness even when they meet each other for the first time. The younger person still uses a polite speech style (that is です and ます style) in responding to show respect to the adult person.

Remember when you said "＿＿の (ん) ですか," your personal feelings were added to your speech.　So the informal question is formed in this way:

Ex.:　みましたか　→　みたのですか(みたんですか)　→　みたの(？)
This の corresponds to the question word か.　You can say it without this の with rising intonation which is shown by ↗.

Ex.:　みますか　　　　　　みる（の）↗

　　　　　　　　　　　　　　　　　　Are you going to see it?

　　　いきましたか　　　　いった（の）↗

　　　　　　　　　　　　　　　　　　Did you go?

　　　おもしろいですか　　おもしろい（の）↗

　　　　　　　　　　　　　　　　　　Is it interesting?

おいしかったですか　　おいしかった（の）↗

Was it good ?

This の in the above questions is often used by a female person, but the male can use it too.

The plain style is used in friendly, informal conversations.　When you're talking with someone of your own age, use this style of speech as your relationship with that person becomes more friendly.

うん (informal way of saying はい OR いいえ)　　ううん　(informal way of saying いいえ)

ACTIVITY ▶ ▶ ▶

Food you wish to order by telephone

Tonight your parents are away for a PTA meeting.　Your mother left 3,000 yen for your dinner.　You'll have to order home-delivered food from a nearby restaurant.　Your little sister doesn't like *sushi,* and your little brother doesn't like noodles.　Don't forget to order for yourself too.

There is another menu available on page 42.

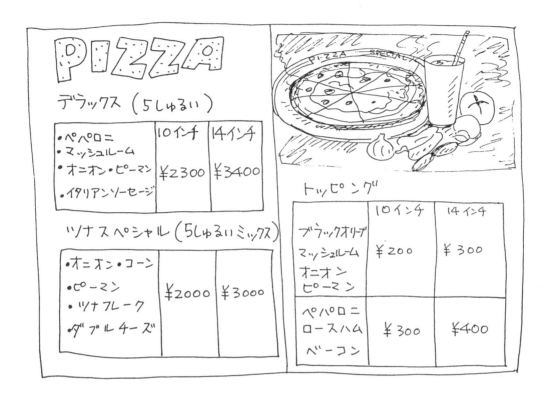

一 いち　二 に　三 さん　四 し

五 ご　六 ろく　七 なな／しち　八 はち

九 きゅう　十 じゅう

一〇〇 ひゃく　六〇〇 ろっぴゃく

にぎりずし

特 … 二五〇〇円
松 … 一九〇〇円
上 … 一四〇〇円
中 … 一二〇〇円
並 … 九〇〇円

ちらしずし

特 … 二五〇〇円
松 … 一九〇〇円
並 … 一二〇〇円
中 … 一一〇〇円
並 … 九〇〇円

てっかまき … 上 一八〇円　並 九〇〇円

かんぴょうまき、かっぱまき … 六〇〇円

太まき … 六〇〇円

Expressing Comparisons

Topic: Eating at a restaurant

Basic Expressions

1. <u>A</u>のほうが <u>B</u>より おおきいです。　A is bigger than B.

2. ステーキが いちばん すきです。　I like steak best.

3. じゃあ、<u>A</u>に したら どうですか。　Then, how about deciding on A?

4. そとで、しょくじを するのが すきです。 They like to eat out.

[56]

More expressions on the topic

As a customer:

1. ＿＿は、できますか。　　　　　　Can you make ＿＿?

2. メニューをみせてください。　　　May I have a look at the menu?

3. すみません。おちゃ、ください。　Excuse me.　Tea, please.

4. かいけいは、べつべつにおねがいします。A separate bill, please.

5. デザートは、あとにしてください。　Please serve the dessert later.

As a waiter or a waitress:

1. いらっしゃいませ。　　　　　　　Welcome!

2. おのみものは、いかがですか。　　Would you like to order some drinks?

3. もうしわけございませんが、　　　I'm very sorry, but we
　　＿＿は、やっていないんですけど。don't serve＿＿ (at this shop).

4. ステーキのやきかたは。　　　　　How would you like your steak done?

5. おさげしてもよろしいですか。　　Are you finished with this? (May I take your plate?)

6. しつれいします。　　　　　　　　Excuse me.

7. また、おまちしています。　　　　Come again.

8. かしこまりました。　　　　　　　Certainly.

At the cashier:

1. いくらになりますか。　　　　　　How much will it amount to?

2. ぜんぶでいくらになりますか。　　How much will it amount to in all?

3. ～えんになります。　　　　　　　It comes to ～ yen.

___

Aのほうがより A is more ... than B　　より　than　ステーキ steak
いちばん the best; number one　　-したら (たら form of します) (see Explanation 4 on page 67)　　しょくじ meal　　するの (verb) の (see Explanation 3 on page 65)　　できますか Can you make it?　　メニュー menu　　おちゃ tea
かいけい bill; payment　　べつべつに separately　　デザート dessert
あと later　　いかが How about...?　　どう　もうしわけございません "I'm very sorry"　　ございません (polite equivalent of ありません)　　やっていない not doing (not serving)　　やきかた way to cook (steak)　　おさげします (polite equivalent of さげます)　　さげます to put away　　よろしい (polite equivalent of よい, いい)
しつれいします "Excuse me"　　おまちしています (polite equivalent of まっています)　　かしこまりました "Certainly"　　になります to come to; to amount to　　ぜんぶで in all

___

せつめい　1

Expressing comparison

AのほうがBよりおおきいです。　　　　　A is bigger than B.

When you want to say that something is bigger, smaller, more interesting, OR preferable, say it this way:

something のほうが the other one より | おおきい
ちいさい
おもしろい
いい | です。

If it is obvious, you don't have to say "the other one より." Just say:
Aのほうがおおきいです。　　　　　A is bigger.

___

れんしゅう　(4-1-1)

Look at the map and the chart on the next page.　Compare the climate of these two cities in the month given, and describe them in Japanese.

Use the following expressions in describing the climate:

あつい　　　　さむい　　　　あったかい　　　　すずしい

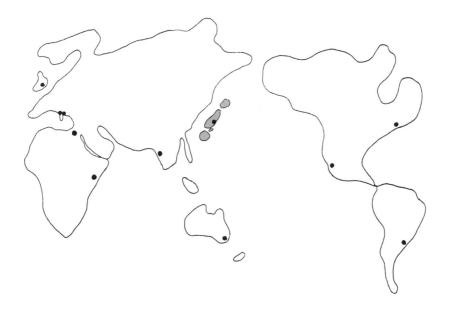

きおん： ℃

月 都市名	1月	2月	3月	4月	5月	6月	7月	8月	9月	10月	11月	12月
シンガポール	26.1	26.7	27.2	27.6	27.8	28.0	27.4	27.3	27.3	27.2	26.7	26.3
ニューデリー	14.3	17.3	22.9	29.1	33.5	34.5	31.2	29.9	29.3	25.9	20.2	15.7
カ イ ロ	12.7	14.0	16.6	20.5	24.7	26.8	26.8	27.7	25.7	23.6	19.7	14.8
サンフランシスコ	9.2	10.5	11.8	13.2	14.6	16.2	17.1	17.1	17.7	15.8	12.7	10.1
ロ ー マ	8.1	8.6	11.1	13.9	18.1	21.7	24.5	24.5	22.2	17.2	12.5	9.2
ニューヨーク	0.9	0.9	4.9	10.7	16.7	21.9	24.9	24.1	20.4	14.8	8.6	2.4
ブエノスアイレス	23.6	23.3	20.2	17.3	13.7	11.2	10.3	11.4	13.9	16.7	19.7	22.4
パ リ	3.1	3.8	7.2	10.3	14.0	17.1	19.0	18.5	15.9	11.1	6.8	4.1
ロ ン ド ン	4.2	4.4	6.6	9.3	12.4	15.8	17.6	17.2	14.8	10.8	7.2	5.2
シ ド ニ ー	21.9	21.9	21.2	18.3	15.7	13.1	12.3	13.4	15.3	17.6	19.4	21.0
と う き ょ う	4.1	4.8	7.9	13.5	18.0	21.3	25.2	26.7	23.0	16.9	11.7	6.6

あったかい (nice and warm)　すずしい (nice and cool)　シンガポール
Singapore　ニューデリー　New Delhi　カイロ　Cairo　サンフランシスコ
San Francisco　ローマ　Rome　ニューヨーク　New York
ブエノスアイレス　Buenos Aires　パリ　Paris　ロンドン　London
シドニー　Sydney　とうきょう　Tokyo　きおん　temperature

れい： (August)　Singapore,　Cairo

シンガポールのほうが、カイロよりあついです。

1. (March)　Rome　New Delhi

----

2. (December)　Paris　London

----

3. (September)　Sydney　Tokyo

----

4. (June)　New York　Buenos Aires

----

5. (May)　Rome　San Francisco

----

6. (February)　Cairo　London

れんしゅう　(4-1-2)

Look at the map and the chart on p. 59.　Answer the following questions.

Q.1　どっちのほうがあついですか。

　　　8 がつ　シドニー ／ とうきょう　　　---------------------
　　　　　　　ニューデリー ／ カイロ　　　---------------------
　　　2 がつ　シドニー ／ とうきょう　　　---------------------
　　　　　　　ロンドン ／ パリ　　　---------------------
　　　9 がつ　シンガポール ／ ニューヨーク　　　---------------------

*Q.*2　どっちのほうがさむいですか。

　　　　2 がつ　　ニューヨーク ／ ロンドン　　　　-----------------------

　　　12 がつ　　サンフランシスコ ／ とうきょう　-----------------------

　　　　　　　　シドニー ／ ブエノスアイレス　　-----------------------

　　　　　　　　シンガポール ／ シドニー　　　-----------------------

れんしゅう　(4-1-3)

Form pairs and discuss which one is more delicious, inexpensive, or preferable. Use the expression given in the example.

れい：　<u>すいか</u>より<u>みかん</u>のほうがいいです。　　　　(I prefer <u>8</u> to <u>9</u>)

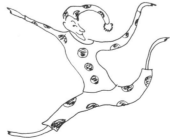

———————————

の方がいい　preferable

れんしゅう (4-1-4)

Form pairs. Tell each other which one of the two you like better.

れい：

⇨ コーヒーとジュースとどっちのほうがすきですか。

ジュースのほうがすきです。

1.

⇨ _____ 。

2.

⇨ _____ 。

3.

⇨ _____ 。

4.

⇨ _____ 。

5.

⇨ _____ 。

せつめい 2

Saying what you like best

ステーキが、いちばんすきです。　　　　I like steak best.

If you want to say that you like something best, you say:

| わたし |
| ぼく |
は　something　が　いちばん　すきです。

"いちばん" means the number one; therefore, it means the best.

If you want to describe that something is the best, you say "いちばん" before the Adjective.

More examples:

いちばん おおきい　　　　the biggest
いちばん かわいい　　　　the cutest
いちばん おもしろい　　　the most interesting

れんしゅう　(4-2-1)

Answer the following questions:

1.　どののみものがいちばんすきですか。　　—————————————

2.　どれがいちばんたかいですか。　　　　—————————————

　　スケートボード　　　　スキー　　　　ローラースケート

3.　どれがいちばんおいしいですか。　　　—————————————

4.　どのことばがいちばんむずかしいですか。—————————————

　　えいご　　　　にほんご　　　　フランスご

5.　どのスポーツがいちばんたのしいですか。—————————————

ことば　word ; language

れんしゅう (4-2-2)

Which city has the most rainfall in each month?　Say it in Japanese.

あめ：　mm

都市名 ＼ 月	4 月 (100 200 300)	7 月 (100 200 300)	12 月 (100 200 300)
シンガポール			
ニューデリー			
カ　イ　ロ			
サンフランシスコ			
ロ　ー　マ			
ニューヨーク			
ブエノスアイレス			
パ　　リ			
ロ　ン　ド　ン			
シ　ド　ニ　ー			
とうきょう			

れんしゅう (4-2-3)

Which of the two cities has more rainfall in the months given?

れい：

Q:　どっちのほうがたくさんあめがふりますか。

　　　4がつ / サンフランシスコ / ニューヨーク

A:　4がつはニューヨークのほうがサンフランシスコよりたくさんあ
　　めがふります。

1.　4がつ / ローマ / ニューヨーク　　　-------------------------

2.　12がつ / サンフランシスコ /パリ　　-------------------------

3.　12がつ / シドニー / とうきょう　　-------------------------

4.　7がつ / とうきょう / ニューデリー　-------------------------

5.　12がつ / シンガポール / ニューヨーク　-------------------------

あめがふります　to rain

> ## せつめい　3
>
> *Saying what you like to do*
>
> でかけるのがすきです。　　　　　　　I like going out.
>
> You have already learned to say what you like.　You say it like this:
>
> わたしは、アイスクリームがすきです。
>
> ぼくは、じょうばがすきです。
>
> If you want to say that you like to do something, set up your sentence this way:
>
> | わたし
ぼく | は、Dictionary form of Verb ＋ の ＋ が ＋ すきです。
>
> *Ex.:*
>
> わたしは、でかけるのがすきです。　　　I like going out.
>
> ぼくは、あそぶのがすきです。　　　　　I like playing.
>
> This Dictionary form of Verb ＋ の works just like <u>going</u> OR <u>playing</u> in the English sentences shown above.
>
> If you want to say that you prefer doing something, say it this way:
>
> ぼくは、あそぶほうがすきです。　　　　I prefer playing.

れんしゅう　(4-3-1)

Rewrite the following sentences as shown in the example.

れい：　わたしは（アイスクリームをたべます）すきです。

　　⇒　わたしはアイスクリームをたべるのがすきです。

1. わたしは（およぎます）すきです。

　⇒ --

2. ぼくは（べんきょうします）きらいです。

　⇒ --

3. おとうさんは（バーベキューをします）すきです。

　⇒ --

4. せんせいは（しけんをします）すきです。

　⇒ --

5. おばあさんは（あるきます）きらいです。

　⇒ --

バーベキュー　barbecue

れんしゅう (4-3-2)

Answer the following questions.

れい： *Question:* べんきょうするのと、あそぶのとどっちがすき
ですか。

Answer : あそぶほうがすきです。

1. ほんをよむのと、えいがをみるのとどっちがすきですか。

----

2. ごはんをつくるのと、たべるのとどっちがすきですか。

----

3. うみでおよぐのと、プールでおよぐのとどっちがすきですか。

----

4. ひらがなでかくのと、かたかなでかくのとどっちがむずかしいで
すか。

----

5. はやくねるのと、はやくおきるのとどっちがいいですか。

うみ　ocean; sea　　プール　swimming pool

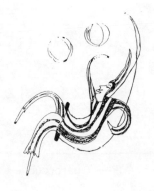

（せつめい 4）

Giving a suggestion

　ステーキにしたらどうですか。　　　How about having a steak?

So far, when you have wanted to give a suggestion you have been saying:

～ましょう。　　　～ましょうか。　　　～ませんか。
(Let's ～.)　　　　(Shall we ～?)　　　(Won't you ～?)

Now, you're going to suggest things in this way:

the た form of Verb ＋ ら ＋ どうですか。

Ex.:

　しゅくだいをしたら、どうですか。　What about doing your home-
　　　　　　　　　　　　　　　　　work? (Why don't you do your
　　　　　　　　　　　　　　　　　homework?)

れんしゅう　(4-4-1)

　Your friend says the following things.　Give him/her your suggestion.
Use the expression:　ーたらどうですか。

1.　おなかが、すきました。

2.　のどが、かわきました。

3.　おすしは、たべたくないです。

4.　ステーキは、すきじゃないです。

5.　おなかが、いたいです。

6.　なにも、たべたくないです。

なにも　anything

よみましょう　おぼえましょう

　おがわさんは、おくさんや こどもたちと いっしょに でかけるのが すきです。よく、うちじゅう みんなで、レストランへ しょくじに いきます。おがわさんは、ステーキが いちばん すきです。

ウェートレス： いらっしゃいませ。なんめいさまですか。

おがわ(ちち)： ごにんです。

ウェートレス： こちらの テーブルに どうぞ。メニューを どうぞ。

ウェートレス： ごちゅうもん、おきまりですか。

おがわ(ちち)： ぼくは、Aステーキに します。

おがわ(はは)： わたしも。たけしは。

たけし ： Aステーキと Bステーキは、どう ちがうんですか。

ウェートレス： Aのほうが Bより おおきいんです。

おがわ(はは)： じゃあ、Aに したら どう。

たけし ： うん、じゃ、ぼくは Aに します。

りか ： わたしは、おすしが いいです。

ウェートレス： すみません。おすしは、やって いないんですけど。

りか ： じゃ、スパゲティに してください。

ウェートレス： おのみものは いかがですか。

おがわ(ちち)： ビール いっぽんと、オレンジジュースを みっつ
  ください。あ、それから コップ、ふたつね。

ウェートレス： かしこまりました。
  ごちゅうもんを くりかえします。Aステーキ、
  さんめいさま。スパゲティ、いちめいさま。ビール
  いっぽん、グラス ふたつ。オレンジジュース、
  さんめいさまですね。

おがわ(ちち)： はい、そうです。おや、しんじは。

りか ： まだ、メニュー(を) みて(い)る！

読みましょう　おぼえましょう

　小川さんは、おくさんや 子どもたちと いっしょに 出かけるのが
好きです。よく、うちじゅう みんなで、レストランへ 食事に
行きます。小川さんは、ステーキが いちばん 好きです。

ウェートレス：　いらっしゃいませ。何名さまですか。

小川(父)　　：　五人です。

ウェートレス：　こちらの テーブルに どうぞ。メニューを どうぞ。

ウェートレス：　ごちゅうもん、おきまりですか。

小川(父)　　：　ぼくは、Aステーキに します。

小川(母)　　：　わたしも。たけしは。

たけし　　　：　Aステーキと Bステーキは、どう ちがうんですか。

ウェートレス：　Aのほうが、Bより 大きいんです。

小川(母)　　：　じゃあ、Aに したら どう。

たけし　　　：　うん、じゃ、ぼくは Aに します。

りか　　　　：　わたしは、おすしが いいです。

ウェートレス：　すみません。おすしは、やって いないんですけど。

りか　　　　：　じゃ、スパゲティに してください。

ウェートレス：　お飲みものは、いかがですか。

小川(父)　　：　ビール 一本と、オレンジジュースを 三つ
　　　　　　　　ください。あ、それから コップ、二つね。

ウェートレス：　かしこまりました。
　　　　　　　　ごちゅうもんを くりかえします。Aステーキ、
　　　　　　　　三名さま。スパゲティ、一名さま。ビール 一本、
　　　　　　　　グラス 二つ。オレンジジュース、三名さまですね。

小川(父)　　：　はい、そうです。おや、伸二は。

りか　　　　：　まだ、メニュー(を) 見て(い)る！

おくさん married woman; someone else's wife こどもたち children と いっしょに together with (someone) に いきます (a particle to show the purpose of going) 〜めい (a counting unit for people) ‐さま (polite equivalent of ‐さん OR ‐くん) ごちゅうもん (polite equivalent of ちゅうもん) ちゅうもん order おきまりですか (polite equivalent of きまりましたか) きまります to be decided ちがう (dictionary form of ちがいます) ちがいます to be different ‐が いい I prefer ___ スパゲティ spaghetti ビール beer いっぽん one bottle of (something) 〜ほん (a counting unit for something long; bottles, pens, etc.) オレンジジュース orange juice コップ glass（グラス） くりかえします to repeat グラス glass おや (an exclamation of surprise) みて(い)る (plain form of みています)

かん字のれんしゅう Kanji for Writing

1. 七(しち、なな)

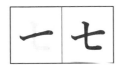

*七(なな)つ

2. 八(はち、や)

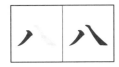

*八(やっ)つ

3. 九(く、きゅう、ここの)

*九(ここの)つ

4. 十(じゅう、とお)

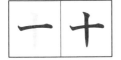

5. 名(な、めい)

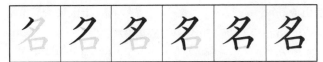

　*名前(なまえ)
　*三名(さんめい)

6. 好(す)き

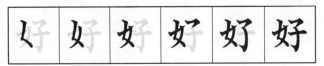

　*お母さんは出かけるのが好きです。

7. 父(とう、ちち)

　*お父(とう)さん
　*ぼくの父(ちち)

よみかえ
　本(ぽん)
　　*一本(いっぽん)
　食(しょく)
　　*食事(しょくじ)

ACTIVITY ▶ ▶ ▶

1.　(**Group work**) Each one of you is a restaurant owner. Decide the type of food you're going to serve and make a menu. Use as much *katakana* as possible for the menu.

2.　(**Pair work**) You're planning a big trip. Look at the map and the chart on page 59 and tell each other where you want to go. While doing that, it's very important to make a comparison of climate.

3.　(**Pair work**) Role play. At the restaurant. Two customers. (Customer A, Customer B) A waitress. The two customers are deciding what to order for lunch. They look at the menu and compare the prices, quantity, and their preferences. Then the waitress comes.
W: Asks the customers if they've
　　decided what to order.

　　　　　　C(A): Tells the waitress that he/
　　　　　　　　she will have....
　　　　　　C(B): Asks for a different kind
　　　　　　　　of food from A's order.

W: Expresses her regret for being unable to serve B's order today.

W: Asks if they would like to order some drinks.

C (A): Gives C (B) his/her suggestion.

C (B): Agrees.

C (A): Orders a drink.

C (B): Asks for a different kind of drink from A's order.

W: Says that she understands the order. Writes down the order. Repeats the order. Asks if it's correct.

C (A, B): Says that it's correct.

Lesson 5 Expressing Conditions

Topic: Buying tickets

Basic Expressions

1. できたら、ならんで すわりたいです。

   If possible, we'd like to sit together in the same row.

2. げつようびのだったら、まだ ある かもしれません。

   If it is for the Monday (performance) we may still have some tickets left.

3. プレイガイドに、きっぷを かいに いきました。

   I went to the ticket center to buy some tickets.

4. アメリカから、ゆうめいな ロックグループが、きました。

   A famous rock group has come from America.

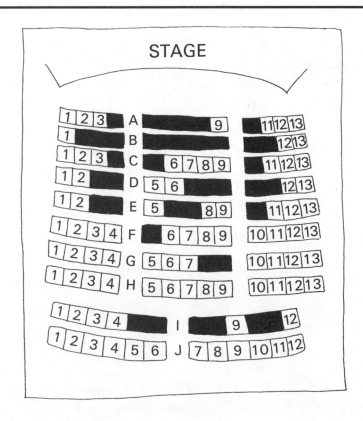

More expressions on the topic

まえうりけん	じゆうせき non-reserved seat
tickets sold in advance	じょうしゃけん train ticket
とうじつけん	こうくうけん plane ticket
tickets sold on the day	つうろがわ aisle seat
よやく reservation	まどがわ window seat
まえから <u>4</u> れつめ	きんえんせき non-smoker's seat
<u>4</u>th row from the front row	きんえんしゃ non-smokers' car
はしから <u>5</u> ばんめ	きゅうこう express
<u>5</u>th seat from the edge	とっきゅう limited express
キャンセル cancellation	かくえきていしゃ local train
していせき reserved seat	(which stops at every station)

できたら If possible　ならんで being in a row　ならびます to line up
かもしれません may be (See Explanation 2)　プレイガイド ticket center
かいにいきました I went to buy. (See Explanation 3)　ゆうめいな famous
ロックグループ rock group

せつめい 1

Expressing condition

1 このみちをまっすぐいくと、はしが あります。	If you go straight on this road, there is a bridge.
2 できたら、まえのほうのをください。	If you can, please give me the ones in front.
3 げつようびのだったら、あります。	If you want the ones for Monday, we have some.
4 うしろのほうでよかったら、あります。	If you don't mind the ones further in the back, we have some.

In expressing a condition, there are many different ways.

The first one (〜と) has been introduced in Lesson 2, and it means "If" and "When".

The second one (〜たら) has been introduced in Lesson 4 in the expression "A にしたらどうですか (Why don't you decide on A ?)" This 〜たら

form also means "If" and "When" as well as the completion of an action.
   In the case of Noun です it will be expressed as Noun だったら.
   For Adjective, say it this way:
   The past form of Adjective ＋ ら
   Ex. :
     いい(よい) → よかった → よかったら   If it is all right
                                        (If you like)
     たかい → たかかった → たかかったら   If it's expensive
     たかかったら、けっこうです。   I don't want it if it's expensive.

はし   bridge

れんしゅう (5-1-1)

Answer the following questions on condition.

		1st speaker	If it is...	2nd speaker
れい：		かいますか。	やすい	やすかったらかいます。
1.		たべますか。	おいしい	
				。
2.		よみますか。	おもしろい	
				。
3.		あるきますか。	ちかい	
				。
4.		のみますか。	つめたい	
				。
5.		ききますか。	いいおんがく	
				。
6.		ありますか。	やすいきっぷ	
				。
7.		いきますか。	できる	
				。

せつめい 2

Expressing probability

げつようびのだったら、まだある <u>かもしれません</u>。

(If you are referring to) the ones for Monday, we might have some left.

In order to show probability, use the expression <u>かもしれません</u>.
(かもしれない)

Verb (Dictionary form) ＋ かもしれません。
Adjective ＋ かもしれません。
Noun OR A/N ＋ かもしれません。

Ex. :

あした、あめがふるかもしれません。　It might rain tomorrow.
さむいかもしれません。　It might be cold.
それは、わたしのかさかもしれません。That might be my umbrella.

れんしゅう　(5-2-1)

Answer the following questions.　Use "～かもしれません。"

れい：　おかあさんはあしたきますか。　<u>くるかもしれません</u>。

1.　このほんはだれのですか。　　　　ぼくの _____。

2.　あした、しけん、ありますか。　　ある _____。

3.　やまださんは、これ、すきですか。いいえ、きらい _____。

4.　しゅくだいはどこですか。　　　　かばんのなか _____。

れんしゅう　(5-2-2)

Complete the following sentences.　Use different verbs for each answer.

れい：　あめがふったらこないかもしれません。

1.　とうきょうへいったら _____。

2.　おとこのこだったら _____。

3.　しけんがなかったら _____。

4.　せんせいだったら _____。

5.　ともだちがきたら _____。

せつめい 3

Explaining the purpose when someone goes, comes, and returns.

きっぷをかいにいきました。　　　I went to buy some tickets.

When you want to tell that you go, come, and return in order to do something, you say:

（わたしは）<u>Stem of ます form of Verb</u> ＋ に ＋	いきます　（go） きます　　（come） かえります（return）

Ex.:

おかあさんに<u>あい</u>にきました。　　　He has come to see my mother.

しゅくだいを<u>とり</u>にかえりました。　　I went home to pick up my home-work.

れんしゅう　　(5-3-1)

Change the form of verbs listed below and put them into the suitable blanks.

きのうはにちようびでした。ともだちがうちへ（　　　　　）に
きました。ともだちと、こうえんにテニスを（　　　　　）にいきま
した。それから、のどがかわいたので、うちへみずを（　　　　　）
にかえりました。それからふたりでアイスクリームを（　　　　　）
にいきました。さいふをわすれたので、うちへ（　　　　　）にかえ
りました。うちへかえったらおかあさんがいいました。"アイスク
リームをたべませんか。"

　　のみます　　とります　　かいます　　あそびます　　します

さいふ　wallet; purse

せつめい 4

Noun type Adjective（な Adjective）

ゆうめいなロックグループがきます。　A famous rock group is coming.

Japanese has a special type of word to describe things. Some people call it な Adjective because it takes <u>な</u> before the noun it describes.

Ex.:　ゆうめい ＋ <u>な</u> ＋ グループ　　　A famous group

　　　しずか ＋ な ＋ クラス　　　　　A quiet class

If you want to say that something is famous OR quiet, say it this way:

　　　　　　は、ゆうめいです。

　　　　　　は、しずかです。

When you want to say that something <u>isn't</u> famous OR quiet, say it this way:

　　　　　　は、ゆうめい<u>じゃないです</u>。

　　　　　　は、しずか<u>じゃないです</u>。

More Adjectives that belong to this type are as follows:

すき　favorite	へた　unskillful
きらい　disliked	ていねい　polite
いろいろ　various	ふくざつ　complicated
げんき　healthy	ごうか　gorgeous
べんり　convenient	きれい　pretty
ふべん　inconvenient	しつれい　rude
かんたん　simple, easy	へん　weird (peculiar)
だめ　useless	むり　impossible
すてき　nice	ひま　free (leisure time)
しんせつ　kind	とくい　good at
じょうず　skillful (for praising)	にがて　not good at

れんしゅう　(5-4-1)

Describe the following pictures using the given な Adjectives.

れい：

　　とくい　とくいなスポーツ

1.

　　げんき　- - - - - - - - - - - - - - - -

2.

　　すてき　- - - - - - - - - - - - - - - -

3.

　　しんせつ　- - - - - - - - - - - - - - - -

4.

　　へん　- - - - - - - - - - - - - - - -

5. きれい ----------------

6. かんたん ----------------

7. きらい ----------------

8. ひま ----------------

9. だめ ----------------

10. いろいろ ----------------

れんしゅう (5-4-2)

What sorts of things can be described by the following な Adjectives? Write them in.

れい： きれいな _____へや_____

1. すきな ----------------
2. へんな ----------------
3. ひまな ----------------
4. ごうかな ----------------
5. きらいな ----------------
6. ふくざつな ----------------
7. いろいろな ----------------
8. しんせつな ----------------
9. だめな ----------------
10. かんたんな ----------------
11. とくいな ----------------
12. べんりな ----------------
13. ゆうめいな ----------------
14. しずかな ----------------

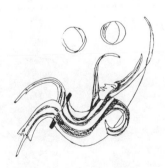

よみましょう　おぼえましょう

　らいげつ、アメリカから、ゆうめいな　ロックグループが　きます。
ついたちから　とおかまで、にほんの　いろいろな　ところで、
えんそうします。ケントは、しゅうまつに　ミンサンたちと
いっしょに　ききに　いきます。ほんとうは、もっと　はやく　きっぷを
かいに　いきたかったのですが、じかんが　ありませんでした。
しけんで　いそがしかったのです。やっと　きょう
プレイガイドに　かいに　いきました。

ケント	：	すみません。カイトの コンサートの きっぷ、まだ ありますか。
プレイガイドのひと	：	しゅうまつのは、もう、ぜんぶ うりきれに なりました。
ケント	：	ああ、ざんねん。ほかの ひは どうですか。
プレイガイドのひと	：	げつようびのだったら、まだ、あるかも しれません。ちょっと、おまちください。
ケント	：	できたら、さんにん ならんで、すわりたい んですけど。
プレイガイドのひと	：	それは、ちょっと むりですね。ばらばら だったら ありますよ。ほら、Fの12と Cの2と Gの13です。
ケント	：	ああ、それで いいです。その 3まいを ください。いくらに なりますか。
プレイガイドのひと	：	13,500えんに なります。

読みましょう　おぼえましょう

　来月、アメリカから、有名な ロックグループが 来ます。一日から 十日まで、日本の いろいろな ところで、えんそうします。ケントは、週末に ミンサンたちと いっしょに 聞きに 行きます。ほんとうは、もっと 早く きっぷを 買いに 行きたかったのですが、時間が ありませんでした。しけんで いそがしかったのです。やっと きょう プレイガイドに 買いに 行きました。

ケント	：	すみません。カイトの コンサートの きっぷ、まだ ありますか。
プレイガイドの人	：	週末のは、もう、ぜんぶ 売り切れに なりました。
ケント	：	ああ、ざんねん。ほかの 日は どうですか。

プレイガイドの人：　月曜日のだったら、まだ、あるかも
　　　　　　　　　　しれません。ちょっと、お待ちください。
ケント　　　　　：　できたら、三人 ならんで、すわりたい
　　　　　　　　　　んですけど。
プレイガイドの人：　それは、ちょっと むりですね。ばらばら
　　　　　　　　　　だったら ありますよ。ほら、Fの12と Cの2と
　　　　　　　　　　Gの13です。
ケント　　　　　：　ああ、それで いいです。その 三まいを
　　　　　　　　　　ください。いくらに なりますか。
プレイガイドの人：　13,500円に なります。

らいげつ　next month　　ついたち　the first day of a month　　とおか　the 10th
day of a month　　いろいろな　various　　ところ　place　　えんそうします　to
perform music　　しゅうまつ　weekend　　と　with　　ほんとうは　actually
もっと　more　　じかん　time　　じかんがありません　I don't have time
（しけん）で　because of (exam.)　　いそがしかった　(past form of いそがしい)
いそがしい　busy　　やっと　at last ; finally　　カイト　Kite　(a name of a rock
band)　　コンサート　concert　　うりきれ　sold out　　ああ、　Oh,
ざんねん　"Too bad!"　　ほか　other　　むり（な）　impossible
ばらばら　scattered　　ほら　"Look !"　　～まい　(a counting unit for thin, flat
objects)

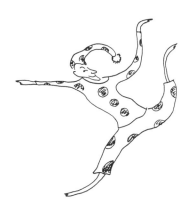

かん字のれんしゅう　Kanji for Writing

1. 売(う)る

*売(う)り切(き)れ

2. 時(じ)

*時間(じかん)

3. 間(かん)

*時間(じかん)

4. 買(か)う

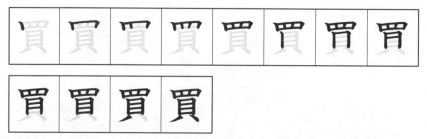

5. 早(はや)く

6. 月 (げつ、がつ)

*来月 (らいげつ)

*一月 (いちがつ)

7. 並 (なら) ぶ

*並 (なら) んですわりたい。

8. 円 (えん)

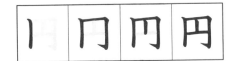

*十円 (じゅうえん)

よみかえ

来 (らい)

*来月 (らいげつ)

人 (ひと)

*プレイガイドの人 (ひと)

一日 (ついたち)

*一日 (ついたち) から十日 (とおか) まで

ACTIVITY ▶ ▶

1. Here is a seating chart for a theater. Form pairs and try to reserve some seats for yourself, your friends, or your family. Marked seats have already been sold.

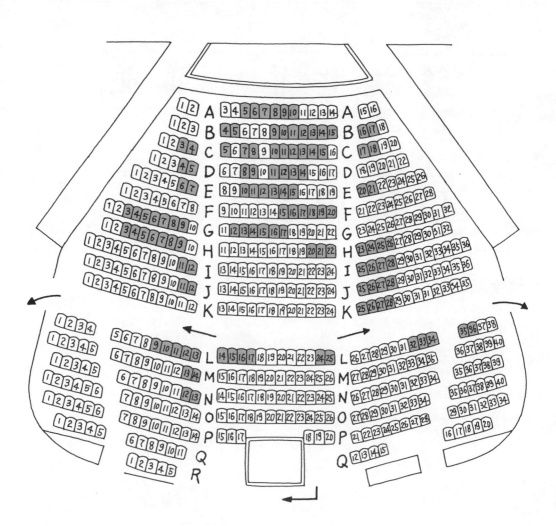

2. You're living in Tokyo. Your Japanese friend in Himeji is getting married next Sunday at three o'clock. You're invited to the wedding along with your parents. Your parents don't speak Japanese, so you'll have to organize the trip to Himeji. Look at the time table. In pairs, decide how you would go to Himeji to attend the wedding.

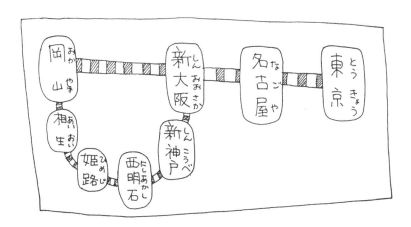

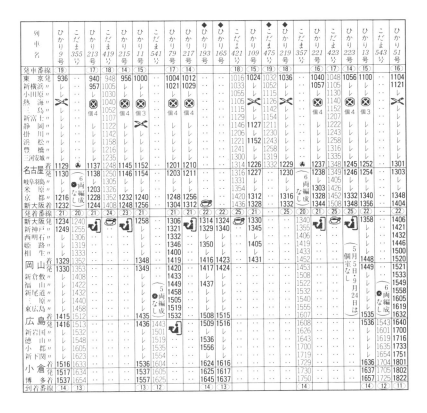

Talking about Abilities/Possibilities

Topic: Hobbies

Basic Expressions

1. かいじょうに はいることが
   できませんでした。

   They couldn't enter the place
   where the event took place.

2. きっぷが ないと、はいれません。

   You can't go in if you don't
   have a ticket.

3. もう、きています。

   He has already come.
   (And he's still here.)

おどりましょう

わたし
おどれないんです

かいじょう　the place where a certain event takes place
－ことができません　can not do something (See Explanation 1)
ない　(plain form of ありません)
はいれません　can not enter (See Explanation 2)

More expressions on the topic

ダンス (dancing)　　　　　　おどれる (can dance)

がっき (musical instrument)　ひける (can play)

うた (song)　　　　　　　うたえる (can sing)

スポーツ (sport)　　　　　できる (can do)

りょうり (cooking)　　　　つくれる (can make)

しゃしん (photo)　　　　　うつせる (can take)

にほんご (Japanese)　　　　はなせる　しゃべれる

　　　　　　　　　　　　(can speak OR can chat)

せつめい　1

Expressing possibilities and abilities

かいじょうに、はいることが　　They couldn't enter (the place)
できませんでした。　　　　　　where the event took place.

When you tell someone that you can do something, you can say:
わたし（ぼくは）____　が　できます。

Ex.:　わたしは、じょうばができます。　I can ride a horse.
　　　ぼくは、すいえいができます。　I can swim.

Now, you can express the same thing by using the verbs.
Dictionary form of Verb ＋ ことができます。

This way of expressing possibilities enables you to say more things without the knowledge of particular Nouns like　じょうば　OR　すいえい。

Ex.:　わたしは、うまにのることができます。　I can ride a horse.
　　　ぼくは、およぐことができます。　I can swim.

れんしゅう　(6-1-1)

Look at the follwing pictures and say what they can't do.

1.　くじら　　　　　　2.　かに　　　　　　3.　エミュ

くじら　whale　　かに　crab　　エミュ　emu

せつめい 2

Another way to express possibilities

きっぷがないと、<u>はいれません</u>。If you don't have your ticket, you can't enter.

There is a special form of verb that is far more commonly used (in daily conversations) than <u>〜ことができます</u>.

はいれます	はいる ＋ ことができます	can enter
のれます	のる	ride
よめます	よむ	read
かけます	かく	write
かえます	かう	buy
のめます	のむ	drink
いえます	いう	say
ひけます	ひく	play (the piano)
いけます	いく	go
たべられます(たべれます)	たべる	eat
みられます(みれます)	みる	see
ねられます(ねれます)	ねる	sleep
おきられます(おきれます)	おきる	wake up
こられます(これます)	くる	come
できます	する	do

れんしゅう (6-2-1)

Can you do it?

れい：  Read? <u>はい、よめます。OR　いいえ、よめません。</u>

1. Ride? _____。

2. Write? _____。

3. Drink? _____。

4. 　　　　　　　Go?　　　　　　　　　　　　　　　　　　。

5. 　　　　　　　Eat?　　　　　　　　　　　　　　　　　　。

6. 　　　　　　　Sleep?　　　　　　　　　　　　　　　　　　。

7. 　　　　　　　Wake up?　　　　　　　　　　　　　　　　　　。

れんしゅう (6-2-2)

Make questions and answers for each situation.

れい： <u>はいる</u>

Q. はいれますか。
A. いいえ、はいれません。

1

2

あるく
Q. ＿＿＿＿＿＿＿＿＿＿＿＿＿＿。
A. ＿＿＿＿＿＿＿＿＿＿＿＿＿＿。

およぐ
Q. ＿＿＿＿＿＿＿＿＿＿＿＿＿＿。
A. ＿＿＿＿＿＿＿＿＿＿＿＿＿＿。

3

おどる

Q. --------------------------------- 。

A. --------------------------------- 。

4

ひく

Q. --------------------------------- 。

A. --------------------------------- 。

5

かく

Q. --------------------------------- 。

A. --------------------------------- 。

6

はしる

Q. --------------------------------- 。

A. --------------------------------- 。

7

もつ

Q. --------------------------------- 。

A. --------------------------------- 。

8

佐々波　雅子

〒 232　横浜市南区六ツ川 9-87-65
Tel. 0 4 5・1 2 3・4 5 6 7

よむ

Q. --------------------------------- 。

A. --------------------------------- 。

れんしゅう (6-2-3)

わたしはだれでしょう（か）。

a. わたしはにんげんのともだちです。いっしょに、あそべます。

b. わたしはとりですがとべません。でもいつもはやくおきられます。

c. わたしはとてもしずかにあるけます。

d. わたしのこどもは、わたしのポケットにはいれます。

e. じょうずにおよげます。でも、はやくはしれません。

f. わたしは、とてもじょうずに、うたえます。

g. ちいさいですが、はやくはしれます。

h. ぼくは、てがつかえます。でも、ひとじゃありません。

i. あなたも、わたしのせなかにのれますよ。のりませんか。

a. _____ b. _____ c. _____ d. _____ e. _____

f. _____ g. _____ h. _____ i. _____

1 カンガルー

2 いぬ

3 うま

4 ねこ

5 さる

6 にわとり

7 ことり

8 あひる

9 ねずみ

にんげん　human being　　とべます　can fly　　いつも　always　　ポケット pocket　　じょうずに　well; skillfully

せつめい 3

Telling that someone has gone someplace and is still there.

たろうは、もう、きています。　　　　　Taro is already here.

To tell that someone has gone, come, or returned to a certain place and is still there, you say it this way:

きて		has come and is still here
かえって	＋ います	has returned and is still here
いって		has gone and is still there

Ex.:

おとうさんは、いま、かいしゃにいっています。　My father has gone to the company (and he is still there).

おかあさんは、まだ、かえっていません。　My mother hasn't returned yet.

れんしゅう (6-3-1)

ブロンウィンさんはいま、どこにいますか。

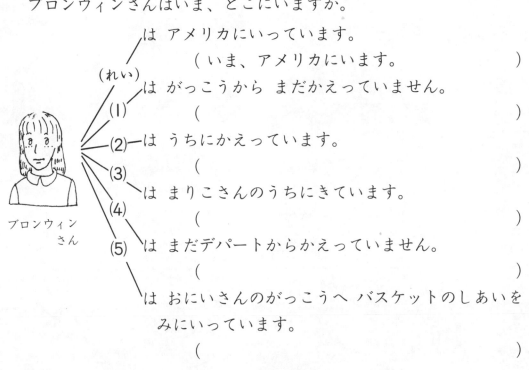

（れい）は アメリカにいっています。
　　　　（いま、アメリカにいます。　　　　　　　　）

(1)は がっこうから まだかえっていません。
　　　　（　　　　　　　　　　　　　　　　　　　）

(2)—は うちにかえっています。
　　　　（　　　　　　　　　　　　　　　　　　　）

(3)は まりこさんのうちにきています。
　　　　（　　　　　　　　　　　　　　　　　　　）

(4)

(5)は まだデパートからかえっていません。
　　　　（　　　　　　　　　　　　　　　　　　　）

は おにいさんのがっこうへ バスケットのしあいを
みにいっています。
　　　　（　　　　　　　　　　　　　　　　　　　）

ブロンウィン
さん

よみましょう　おぼえましょう

　ケントと たろうと ミンサンの しゅみは さんにんとも おなじ です。さんにんとも コンサートに いって、たのしい おんがくを きくのが だいすきです。いま、アメリカから ゆうめいな ロック グループが にほんに きています。きょうは、げつようびで、その コンサートの ひです。

　コンサートは、ろくじはんに はじまります。さんにんは、ろくじに かいじょうの まえで まちあわせることに しました。

　いま、ろくじにじゅっぷんです。たろうと ミンサンは、もう、 コンサートかいじょうの まえに きています。でも、ケントは、 まだです。

　ケントが さんにんぶんの きっぷを もっているので、ふたりは かいじょうに はいることが できません。それで、ふたりは こまっています。

げきじょうのひと：　そろそろ、はじまりますよ。はいらないんです か。

たろう　　　　　　：　ともだちが、きっぷを もっているんだけど、 まだ こないんです。

ミンサン　　　　　：　ぼくたち、さきに はいれませんか。

げきじょうのひと：　きっぷが ないと、はいれないんですよ。

たろう　　　　　　：　どうしても だめですか。

げきじょうとひと：　こまりますねえ。

ミンサン　　　　　：　あ、きた きた。ケントくん、こっちだよ。

ケント　　　　　　：　ごめん ごめん。バスが こんでいて、 のれなかったんだ。

たろう　　　　　　：　いいから、はやく はやく。

読みましょう　おぼえましょう

　　ケントと　太郎と　ミンサンの　しゅみは　三人とも　同じです。
三人とも　コンサートに　行って、楽しい　音楽を　聞くのが　大好き
です。今、アメリカから　有名な　ロックグループが　日本に　来ていま
す。今日は、月曜日で、その　コンサートの　日です。

　　コンサートは　六時半に　始まります。三人は、六時に　会場の　前で
待ちあわせることに　しました。

　　今、六時二十分です。太郎と　ミンサンは、もう、コンサート会場の
前に　来ています。でも、ケントは、まだです。

　　ケントが　三人分の　切符を　もっているので、二人は　会場に
入ることが　できません。それで、二人は　困っています。

劇場の人：　　そろそろ、始まりますよ。入らないんですか。

太郎　　：　　友達が、切符を　持っているんだけど、まだ
　　　　　　　来ないんです。

ミンサン：　　ぼくたち、先に　入れませんか。

劇場の人：　　切符がないと、入れないんですよ。

太郎　　：　　どうしても　だめですか。

劇場の人：　　困りますねえ。

ミンサン：　　あ、来た　来た。ケントくん、こっちだよ。

ケント　：　　ごめん　ごめん。バスが　こんでいて、
　　　　　　　乗れなかったんだ。

太郎　　：　　いいから、早く　早く。

しゅみ　hobby　　さんにんとも　all three of them　　-にんとも　all (number of
people) of them　　おなじ　same　　ひ　day　　それで　therefore　　もう　already
まちあわせる　to meet　　はじまります　to start　　さんにんぶん　for three people
～にんぶん　for (number) people　　こまって　（て form of こまります）
こまります　to be annoyed　　そろそろ　soon　　けど　が (but)
さきに　ahead of something；first　　どうしても　there's no way (no matter how
someone tries)　　きた　（plain frrm of きました）　　こっち　こちら(this way)
ごめん　(shortened way of ごめんなさい)　　ごめんなさい　"I'm sorry"
のれなかった　couldn't get on　　のれます　can get on　　いいから　"It's OK"
はやく　"Hurry up"

かん字のれんしゅう　Kanji for Writing

1．始（はじ）まる

2．待（ま）つ

3．聞（き）く

4．学（がっ）

＊学校（がっこう）

5．校（こう）

＊学校（がっこう）

6. 困(こま)る

7. 半(はん)

*六時半(ろくじはん)

8. 先(せん、さき)

*先(さき)に入(はい)る
*先生(せんせい)

9. 分(ふん、ぷん)

*二十分(にじゅっぷん)
*三人分(さんにんぶん)

10. 前(まえ)

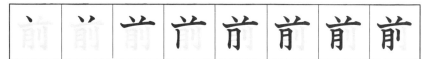

*出前(でまえ)

よみかえ
　日(ひ)
　　*コンサートの日(ひ)
　月(げつ)
　　*月曜日(げつようび)

ACTIVITY ▶ ▶ ▶

(**Pair Work**) You and your friends are going on a bus tour for holiday. Look at the picture below and talk to each other about:
　what you can do at various points along the way, and
　which course you want to take.

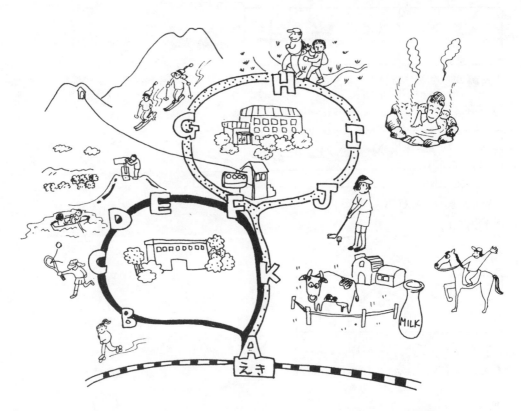

Topic: Doing different activities

── *Basic Expressions* ──

1. コンサートに いったことが
   ありますか。

   Have you ever been to a concert?

2. コンサートに いったとき、この
   Tシャツを かいました。

   When I went to the concert, I bought this T-shirt.

3. スターの ペイが、うたいながら、
   ステージに でてきました。

   Pei, the star, has come out singing on the stage.

4. いっしょに、うたったり
   さけんだり しました。

   We did things like singing and shouting together.

したことがありますか。

コンサート　concert　　いったことがある　I have been to　　(See Explanation 1)　　いったとき　when I went (See Explanation 2)　　Tシャツ　T-shirt
スター　star　　ペイ　Pei (a stage name of a rock singer)
スターのペイ　(スターの reinforces what Pei's occupation is)　　うたいながら
while singing (See Explanation 3)　　ステージ　stage　　うたったり　(たり
form of うたいます：See explanation 4)　　さけんだり　(たり form of さけび
ます)　　さけびます　to shout, to scream

More expressions on the topic

このあいだ	The other day,
ずっとまえ(に)	A long time ago,
ちいさいとき	When I was very young,
ちゅうがくのとき	When I was in junior high school,

りょこう	trip	パーティー	party
アルバイト	part-time job	キャンプ	camping
ピクニック	picnic	りゅうがく	studying abroad
つり	fishing	やまのぼり	mountain climbing
えいが	movie		

せつめい　1

Describing an experience

コンサートにいったことがありますか。　　Have you ever been to a concert?

When you want to say that you have been somewhere OR have done something before, you say it this way:

た form of Verb ＋ ことがあります。

Ex.:

UFO をみたことがあります。　　　I have seen a UFO.

UFO にのったことはありません。　　I have never ridden on a UFO.

"～たことがある" means "the experience of having done something," so it's easy to understand if you compare it with the sentence like "ドナは、ねつがある。(Dona has a fever.)" Therefore, "～たことがある" means "I have the experience of having done something."

れんしゅう (7-1-1)

Look at the picture. Tell if you have experiences of having done these.

したことがありますか。

1
2
3
4
5
6

─────────────

にじ   rainbow

せつめい 2

Describing "At the time when ..."

　コンサートにいった<u>とき</u>、　　　　<u>When</u> I went to the concert, I bought
このＴシャツをかいました。　　　this T-shirt.

　To describe "<u>When</u>" in the English sentence shown above, use the word
とき　after the sentence "I went to the concert...." The word　とき　means
"time." In this case, the sentence must end in the plain past form（た
form）.
Ex. :
　にほんへいったとき、ふじさんをみました。　　When I went to Japan, I
　　　　　　　　　　　　　　　　　　　　　　　saw Mt. Fuji.

　You can also say something like this :
　ごさいの<u>とき</u>、にほんへいきました。　　　　<u>When</u> I was five years old,
　　　　　　　　　　　　　　　　　　　　　　I went to Japan.
In this case "When" is shown by <u>Noun ＋ の ＋ とき</u>.

　Unlike と （When/If) or ～たら (When/If), とき (at the time when)
shows only <u>time</u> and does not tell you the condition.

れんしゅう (7-2-1)

　Write down something that happened to you at a certain age. Interview a
classmate and write down what happened to him/her at a certain age.

Question : － さいのとき、なにをしましたか。

	ケント	じぶん	ともだち
6さい	はじめて キャンプに いきました。		
8さい	にほんへ きました。		
10さい	カメラを もらいました。		
12さい	にほんごの スピーチ コンテストに でました。		

はじめて　for the first time　　(an activity) にでる　to participate in (an activity)
もらいます　　to receive; to get

れんしゅう (7-2-2)

Form pairs and carry on a conversation.

「　」 mark means conversation as "　" in English.

たろう：　「おやすみになにをしましたか。」

トミー：　「_____へいきました。」

たろう：　「_____にいったとき、おてんきはどうでしたか。」

トミー：　「_____。」

たろう：　「そのときなにをしましたか。」

トミー：　「_____。」

せつめい　3

Expressing two actions happening at the same time

うたいながらステージにでてきました。　　　He has come out onto the stage while singing.

When you want to say that you do two things at the same time, use the suffix　ながら　with the stem of the　ます　form. The verb used with　ながら　describes the less important action of the two.

Ex.:

テープをききながらべんきょうしました。

I studied while listening to the tape. (In this case, studying is more important than listening to the tape.)

れんしゅう (7-3-1)

Make a necessary change in each verb to tell that you're doing two things at the same time.

れい：

⇨ テレビをみながらあみものをします。

1 ⇨ _____ 。

2 ⇨ _____ 。

3 ⇨ _____ 。

4 ⇨ _____ 。

せつめい 4

Representing two or more actions from the things you do

うたったり、おどったりしました。　We did things like singing and dancing.

In Japanese, there are Verb forms that imply the doing of more than one thing.　When you want to mention some things you did together with other things, name a few actions to represent all the things you did.

In this case, set up your sentence this way:

the た form of Verb ＋ り、the た form of Verb ＋ り ＋ します。

Ex. :

スキーをしたり、およいだりしました。We did things like skiing and swimming.

れんしゅう　(7-4-1)

It was Sunday, yesterday.　You did the following things pictured below, during the day.　Today, at school, you and your friend talk about what you did yesterday.　Choose two things from what you did yesterday and tell your friend.

よみましょう　おぼえましょう

ミンサンのてがみ

まさおくん

　こんにちは。おげんきですか。ぼくは、おかげさまで げんきです。
こちらは まいにち あついですが、ほっかいどうは すずしい
でしょうね。

　ところで、きょうは だいニュースが あります。このあいだ、
カイトの コンサートに いきました。

　まさおくんは、コンサートに いったことが ありますか。ぼくは、
はじめてだったので すごく たのしかったです。スターの ペイが
マイクを もって うたいながら でてきたときは、みんな
こうふんして たいへんでした。ぼくたちも、むちゅうで いっしょに
うたったり さけんだり しました。まだ、のどが いたいです。
こんど まさおくんも いっしょに いきましょう。

　カイトの Tシャツを 一まい おくります。コンサートのとき
かいました。ぜひ、きてください。では、きょうは このへんで。
おじさんや おばさんに よろしく。

さようなら

　7がつ15にち

ミンサンより

読みましょう　おぼえましょう

ミンサンの手紙

正男君

　こんにちは。お元気ですか。ぼくは、おかげさまで 元気です。
こちらは 毎日 あついですが、北海道は すずしいでしょうね。

　ところで、きょうは 大ニュースが あります。このあいだ、
カイトの コンサートに 行きました。

　正男くんは、コンサートに 行ったことが ありますか。ぼくは、
はじめてだったので すごく 楽しかったです。スターの ペイが
マイクを 持って 歌いながら 出てきた時は、みんな こうふんして
たいへんでした。ぼくたちも、むちゅうで いっしょに 歌ったり
さけんだり しました。まだ、のどが 痛いです。こんど、正男くんも
いっしょに 行きましょう。

　カイトの　Ｔシャツを　一まい　送ります。コンサートの時
買いました。ぜひ、着てください。では、きょうは　このへんで。
おじさんや　おばさんに　よろしく。

さようなら

　　7月15日

ミンサンより

おかげさまで　thanks to you　　すずしい　cool　　ところで　by the way
だいニュース　big news　　はじめて　for the first time　　すごく　extremely
マイク　microphone　　こうふんします　to get excited　　たいへん　(an expression
to show something is in an extremely chaotic, troublesome, or difficult condition)
むちゅうで　in excitement (without knowing what you're doing)　　さけんだり
(たり form of さけびます)　　さけびます　shout ; yell　　こんど　sometime in
the future　　Ｔシャツ　T-shirt　　おくります　to send　　ぜひ　be sure to
きて　(て form of きます)　　きます　to wear　　では　(polite equivalent of じゃあ)
このへんで　at this point　　おじさん　uncle (this word is also often used by a
child in referring OR talking to a grown-up man, or someone else's father)　　おばさん
aunt (this word is also often used by a child in referring OR talking to a grown-up
woman, or someone else's mother)　　-によろしく　"Remember me to ... (some-
one)." "Say hello to ...."　　-より　from ... (someone)

かん字のれんしゅう　Kanji for Writing

1．才(さい)

*五才(ごさい)の時(とき)

2．元(げん)

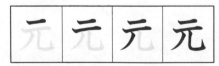

*元気(げんき)

3. 気(き)

*元気(げんき)ですか。

4. 毎(まい)

*毎日(まいにち)

5. 楽(がく)

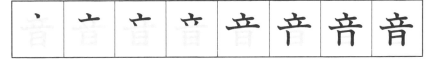

6. 音(おん)

* 音楽(おんがく)
* 楽(たの)しい

7. 正(まさ)

8．男（お、おとこ）

*正男（まさお）
*男（おとこ）のこ

9．持（も）つ

よみかえ

楽（たの）しい　五才の時　日（にち）　*七月十三日　*日曜日（にちようび）

ACTIVITY ▶ ▶ ▶

Write a letter to your penpal telling what you did over the weekend.　Use
－たり－たり、－て－て、－ながら、－たとき
Complete the story.

よるの一時です。たろうはテープをききながら、
べんきょうをしていました。そのとき _____

_____

_____。

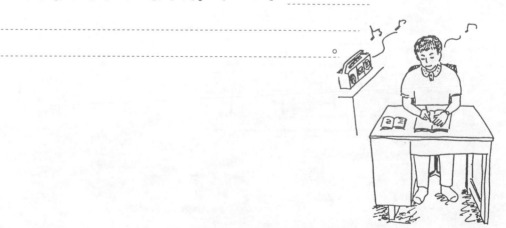

112

Expressing Obligations

Topic: At the various stores

Basic Expressions
---

1. デパートで、とりかえなければ
   なりません。

   I'll have to exchange it
   at the department store.

2. おなじ いろでなきゃ、いけませんか。

   Does it have to be the
   same color?

3. ちがう いろでも、かまいません。

   I don't mind it, even if
   it's a different color.

4. これ、きてみても いいですか。

   May I try this on?

More expressions on the topic

At a boutique

おおきすぎる　too big

きつい　tight

At a bike shop

ライトがこわれた

The light is broken

いろちがい
  same style, different color

はですぎる　too loud

じみすぎる　too subdued

しちゃくしつ　fitting room

サイズなおし　size altering

チェーンがはずれた
  The chain has come off

くうきいれ　An air pump

ブレーキがきかない
  The brakes are not working

しゅうりしてください。
  Please repair it.

パンク　flat tire [puncture]

デパート　department store　　とりかえる　to exchange　　なければなりません
have to; must (See Explanation 1)　　いろ　color　　なきゃ、いけません　have to;
must (See Explanation 2)　　ちがう　to be different　ちがいます　(ます form of
ちがう)　　でも　even　　かまいません　"I don't mind it."　　～てみて　(て
form of -てみます)　～てみます　to try and see　　すぎる　too ...　　きつい
tight　　はで(な)　bold (color; style)　　じみ(な)　sober (color; style)　　ライト
light (lamp)　　こわれた　(た form of こわれます)　こわれます　to be broken
チェーン　chain　　はずれた　(た form of はずれます)　はずれます　to come off
くうき　air　　ブレーキ　brake　　きかない　won't work　(ない form of ききます
す)　　ききます　to be effective　　しゅうり　repair

せつめい　1

Expressing obligation

　デパートに、いかなければなりません。I have to go to the department
　　　　　　　　　　　　　　　　　　　　　　　　　store.

When you want to express obligation, say it this way:
～なければ　なりません　　　　　have to; must
　　　　　いけません
　　　　　だめです

Remember in Lesson 1 you learned the ない form of Verbs.　To say that
you have to do something drop い from ～ない and add ければなりません。

Ex. :

いかな~~い~~		(I have to go.)
みな~~い~~	＋ ければなりません。	(I have to look.)
たべな~~い~~		(I have to eat.)

When something has to be said in a certain way, the same rule can be applied to the Adjective.

Ex. :

おおきくな⊠		(It has to be big.)
ちいさくな⊠	＋ けれIばなりまEせん。	(It has to be small.)
しろくな⊠		(It has to be white.)

In the case of a Noun, set up your sentence this way :

Noun じゃ (OR で) なければなりません。

Ex. :

おなじいろでなければなりません。　　(It has to be the same color.)

● **One step further :**

The ない form of the Verb あります is <u>ない</u>. Something that must exist OR you have to have is なければならないもの (something indispensible.)

れんしゅう　(8-1-1)

Fill in the blanks.

れい : いく	いかない	いかなければなりません
1. のむ	のまない	
2. かく	かかない	
3. はじめる	はじめない	
4. ねる	ねない	
5. おきる	おきない	
6. きく	きかない	
7. よむ	よまない	
8. はいる	はいらない	
9. みる	みない	
10. とりかえる	とりかえない	

れんしゅう (8-1-2)

Respond to the following statements.

れい： ちいさすぎます。

⇒ <u>とりかえなければなりません。</u>
　　　　（とりかえます）

1. あした、しけんがあります。

　⇒ -- 。
　　　　（べんきょうします）

2. がっこうのしょくどうがおやすみです。

　⇒ -- 。
　　　　（おべんとうをつくります）

3. こっせつしました。

　⇒ -- 。
　　　　（びょういんへいきます）

4. しゅくだいをわすれました。

　⇒ -- 。
　　　　（うちにとりにかえります）

5. じてんしゃがパンクしました。

　⇒ -- 。
　　　　（しゅうりします）

せつめい 2

Variations of expressing obligation

おなじいろでなきゃ、いけませんか。　Does it have to be the same color ?

When you're talking with Japanese people, you'll often hear many different variations of 〜なければなりません.

〜なけりゃ	
〜なきゃ	なりません
〜なくては	
〜なくちゃ	

All the above expressions show that someone has to do something OR something has to be in a certain way.

But for now, let's practice the basic way of 〜なければなりません so that you'll be able to express obligation when you have to.

れんしゅう (8-2-1)

Give the alternative for the following expressions.

れい： おなじいろでなきゃいけませんか。

⇨ <u>おなじいろでなければいけませんか。</u>

1. にほんごでなけりゃだめですか。

   ⇨ ....。

2. このみせでなくてはなりませんか。

   ⇨ ....。

3. わたしでなくちゃいけませんか。

   ⇨ ....。

4. このほんでなきゃいけませんか。

   ⇨ ....。

5. きょうでなけりゃだめですか。

   ⇨ ....。

せつめい 3

Expressing "even..."

ちがういろでもかまいません。　　A different color will do. (I don't mind, even if it's a different color)

If you want to say "even..." add も after the て form.

Ex.:

みず ＋ で ＋ も かまいません。　　Even water will do.

おおきくて ＋ も かまいません。　　The big one will do.

ここに、すわって ＋ も かまいませんか。　　May I sit here? (Is it all right even if I sit here?)

れんしゅう (8-3-1)

Answer the questions.

れい： すわってもいいですか。 ⇨ <u>ええ、すわってもかまいません。</u>

1. すこしおおきくてもいいですか。

   ⇨ ええ、..。

2.　あめでもいいですか。

　　⇨　ええ、_____。

3.　はいってもいいですか。

　　⇨　ええ、_____。

4.　あしたでもいいですか。

　　⇨　ええ、_____。

5.　むずかしくてもいいですか。

　　⇨　ええ、_____。

せつめい　4

Asking permission to try on something

　これをきてみても、いいですか。　　　　　　　May I try this on?

　"The て form of Verb ＋ みます" means "to try and see how it is."

Ex.:

　たべてみます。　　　I'll eat and see how it tastes. (I'll try and taste it)

れんしゅう　(8-4-1)

Tell your friend what you're going to wear today.　Use the correct verb for "wear" OR "put on" for each item.

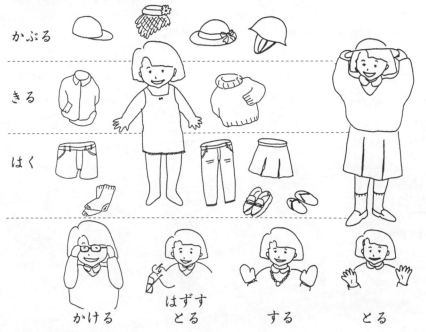

かぶります　　ぬぎます
きます　　　　ぬぎます
はきます　　　ぬぎます
かけます　　　はずします
します　　　　とります

きる　　　　　ぬぐ

かぶります　to put on; wear (over one's head)　(↔ぬぎます　to take off)
はきます　to put on; wear (for someone's lower part of body)　かけます　to wear
(a pair of glasses)　はずします　to take off (glasses, wrist watch, ring, apron, belt,
etc.)　します　to wear (wrist watch, ring, necklace, apron, gloves)　とります
to take off (glasses, watch, accessories, gloves)　ショートパンツ　short pants
ソックス　socks　ジーパン　jeans　スカート　skirt　くつ　shoes
ゴムぞうり　rubber sandals　ネックレス　necklace　てぶくろ　gloves

れんしゅう (8-4-2)

Describe what these people are wearing or using.

----------------をかぶっています。
----------------をきています。
----------------をはいています。
----------------をしています。
----------------をかけています。

れんしゅう (8-4-3)

Ask permission to try on various articles of clothing.   Use the correct verb for "wear" in each case.

れい：　　　　これ、きてみてもいいですか。

1.

2.

3.

4.

5.

6.

7.

よみましょう　おぼえましょう

　おかあさんが　きのう　デパートで　すてきな　セーターを
かいました。そして、それを　ドナに　あげました。きのうは、ドナの
たんじょうびだったからです。うちで　ドナが　その　セーターを
きてみたら、ちいさすぎて　きられませんでした。せっかくの
プレゼントが　だめだったので、ドナも　おかあさんも　がっかり
しました。デパートへ　もっていって、とりかえなければ　なりません。

ドナのはは：　ちょっと、すみません。きのう、ここで　むすめの
　　　　　　　セーターを　かったんですが、ちいさすぎて
　　　　　　　きられないんです。もうすこし　おおきいのと、
　　　　　　　とりかえて　もらえませんか。
てんいん　：　はい、どうぞ。レシート、ありますか。
ドナのはは：　レシートが　なければ　だめですか。
　　　　　　　なくしたんですけど。

てんいん　：　それなら けっこうです。この セーターですね。
　　　　　　　おなじ いろでなきゃ いけませんか。

ド　ナ　：　ちがう いろでも かまいません。

てんいん　：　これは いかがですか。

ド　ナ　：　ちょっと きてみても いいですか。

てんいん　：　はい、こちらで どうぞ。

ド　ナ　：　あ、これなら ちょうど いいです。これに します。

セーター　sweater　　あげます　to give　　たんじょうび　birthday　　せっかく
to take the trouble (an expression to show that someone has taken special trouble
for you)　　がっかり　to be disappointed　　むすめ　daughter; young girl
てもらえます　to be able to have something done for you　　てもらいます
to have something done for you　　レシート　receipt　　なければ　If you don't
have . . . ,　　それなら　in that case　　けっこうです。　"It's all right."
ちょうどいい　just right

読みましょう　おぼえましょう

　お母さんが きのう デパートで すてきな セーターを 買いました。
そして、それを ドナに あげました。きのうは、ドナの 誕生日
だったからです。うちで ドナが その セーターを 着てみたら、
小さすぎて 着られませんでした。せっかくの プレゼントが
だめだったので、ドナも お母さんも がっかり しました。
デパートへ 持っていって、とりかえなければ なりません。

ドナの母：　ちょっと、すみません。きのう、ここで 娘の
　　　　　　セーターを 買ったんですが、小さすぎて 着られない
　　　　　　んです。もう少し 大きいのと、とりかえて
　　　　　　もらえませんか。

店　員　：　はい、どうぞ。レシート、ありますか。

ドナの母：　レシートが なければ だめですか。なくしたんですけど。

店　員　：　それなら けっこうです。この セーターですね。
　　　　　　同じ 色でなきゃ、いけませんか。

122

ド　ナ　：　ちがう　色でも　かまいません。

店　員　：　これは　いかがですか。

ド　ナ　：　ちょっと　着てみても　いいですか。

店　員　：　はい、こちらで　どうぞ。

ド　ナ　：　あ、これなら　ちょうど　いいです。これに　します。

かん字のれんしゅう　Kanji for Writing

1. 生（せい、じょう）

*一（いち）ねん生（せい）

*先生（せんせい）

*誕生日（たんじょうび）

2. 小（ちい）さい

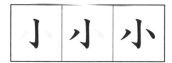

*小さすぎてきられません。

3. 店（みせ、てん）

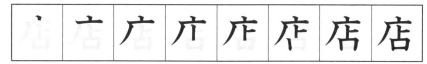

*店員（てんいん）

*店（みせ）の人（ひと）

4. 少し

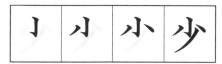

*もう少し大きいのをください。

5. 色(いろ)

*ちがう色(いろ)でもかまいません。

6. 着(き)る

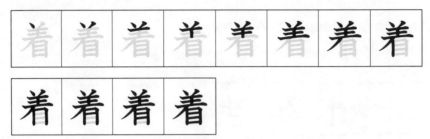

7. 同(おな)じ

ꓥꓛꓔꓲꓦꓲꓔꓨ ▶ ▶ ▶

1. Form pairs and discuss what sort of things you have to do as a student. Look at your student handbooks and talk about the rules and regulations at your school. (If you don't have any, you're one of the lucky ones.)
   Try to compare them with those of the Japanese schools.

2. What do you have to do as a responsible member of your family? Form pairs and discuss this.

3. You have trouble with your bicycle. Take it to the repair shop, explain what is wrong with it, and have it repaired.

4. What sort of a person would you wish your future wife/husband be?

5. What you bought doesn't fit you. Take it back to where you got it, and exchange it.

Describing Sequences

Topic: Job interview

Basic Expressions
---

1. しごとを はじめる まえに、オリエンテーションを します。
Before you start to work, we'll give you an orientation program.

2. がっこうから、かえってから めんせつに いきました。
After returning from school, she went for an interview.

3. マリアは、はたらきたいと おもって います。
Maria is thinking of working. (Maria wants to work.)

4. ここは マリアが すんでいる ところです。
This is the place where Maria lives.

アルバイト募集
かんたんな 日本語 が 使える
あなたを まっています！

○時給　650円以上
○時間　10時～6時
　　　　（相談のうえ）
○面接場所
　　区民会館　3号室
　　10時 ～ 4時

　　りれき書 持参のこと

More expressions on the topic

1. じきゅう＿＿えん　　　　＿＿yen wage per hour
2. りれきしょ　　　　　　　Resume [personal history]
3. ＿こうたい　　　　　　　＿＿shifts
4. しょくじつき　　　　　　Meals provided

[125]

5. こうつうひぜんがくしきゅう　　Transportation expenses are all covered

6. せいふくしきゅう　　　　　　　Uniform provided

7. かくしゅほけんあり　　　　　　Insurance covered

8. しごとは、なんじから　　　　　What hours will I work?
　　なんじまでですか。

9. アルバイト　　　　　　　　　　part-time job

しごと　work; job　　まえに　before　　オリエンテーション　orientation
〜からかえります　to come home from ...　　－てから　after doing something
(See Explanation 2)　　めんせつ　interview　　はたらきたい　(たい form of はた
らきます）はたらきます　to work　　－とおもっています　to be thinking of doing
something　　すんでいるところ　place where someone lives (See Explanation 4)
すんでいます　to live in ...　　じきゅう　wage per hour
こうつうひ　transportation expenses　　ぜんがく　total amount of money
しきゅう　provide　　せいふく　uniform　　かくしゅ　all different kinds
ほけん　insurance　　〜から…まで　from 〜 to (till) ...　　アルバイト　part -
time job

せつめい　1

Expressing "before doing something ..."

しごとをはじめるまえに　　　　　Before you start working, we'll give
オリエンテーションをします。　　you an orientation program.

When you want to say that you do (did) something before doing some-
thing else, say it this way:
Dictionary form of Verb ＋ まえに、＿＿＿します。（しました。）
Ex.:

しけんをはじめるまえに、　　　　　Before you begin the test, read it
よくよんでください。　　　　　　　carefully.

フランスへいくまえに　　　　　　　I studied French before I went
フランスごをべんきょうしました。　to France.

れんしゅう　(9-1-1)

なにをしますか。　　Fill in the blanks.

れい：　ねるまえに　はをみがきます。

1. たべるまえに ＿＿＿＿＿＿＿＿＿＿＿＿＿＿＿＿。

2.　がっこうへいくまえに ------------------------------ 。

3.　あそぶまえに ------------------------------ 。

4.　------------------------------ しゅくだいをします。

5.　------------------------------ ぎんこうにいきます。

6.　しあいにでるまえに ------------------------------ 。

せつめい　2

Expressing the order of your actions

　がっこうからかえってから、　　　　I went (there) after coming back
いきました。　　　　　　　　　　　from school.

　When you want to say that you do (did) something <u>after having done</u>
something else, set up your sentence this way:
　<u>The て form of Verb</u> ＋ から、 ＿＿ します。（しました。）
　Go back to page 22 and reread Explanation 2. On this page you learned
that a series of things you do is expressed by two or more て forms.
　In this case you are not thinking of the order of your actions too strongly.
When you use the expression "＿てから、", the order of what you have done
will be shown more clearly.
Ex. :

　あさごはんをたべて、がっこうへ　　　I ate my breakfast and went
いきました。　　　　　　　　　　　to school.

　あさごはんをたべてから、がっこうへ　　I went to school after eating
いきました。　　　　　　　　　　　my breakfast.

れんしゅう (9-2-1)

　<u>てから</u> をつかって、あなたのいちにちをはなしなさい。

　Talk about your typical day using <u>てから</u>. Include sports, your study, and
your after-school activities.

れい：　　かおをあらう ⇨ かおをあらっ<u>てから</u>ごはんをたべます。

1. ふろにはいる ⇒ ------------------------------------。

2. はをみがく ⇒ ------------------------------------。

3. シャワーをあびる ⇒ ------------------------------------。

4. さんぽする ⇒ ------------------------------------。

おふろに入る　to take a bath　　シャワーをあびる　to take a shower.

せつめい 3

Expressing that he/she wants to do something

マリアは、はたらきたいとおもっています。

Maria thinks that she wants to work. (Maria wants to work.)

You have learned in Book 1 how to express what <u>you</u> want to do. You used the たい form of Verbs. The たい form shows a very strong personal desire to do something. It is usually used with ぼく/わたし as the subject.

You can use this form for "he/she" (i.e., some other person) if you add <u>と おもっています</u> (he/she is thinking that).

Ex.:

おとうさんは、サーフィンをしたい　　Father is thinking of surfing.
とおもっています。　　　　　　　　　(Father wants to surf.)

おにいさんは、あたらしいくるまを　　My brother is thinking of buy-
かいたいとおもっています。　　　　　ing a new car. (My brother wants
　　　　　　　　　　　　　　　　　　to buy a new car.)

れんしゅう (9-3-1)

Say what たろう wants to do.

れんしゅう (9-3-2)

れい： わたしは、とうきょうへいきたいです。

⇨ おとうさんはとうきょうへいきたいといっています。

1. わたしはじてんしゃをかいたいです。

   ⇨ いもうとは ＿＿＿＿＿＿＿＿＿＿＿＿＿＿＿＿＿＿＿。

2. ぼくはおもしろいえいがをみたいです。

   ⇨ せんせいは ＿＿＿＿＿＿＿＿＿＿＿＿＿＿＿＿＿＿＿。

3. わたしは、すいえいをしたいです。

   ⇨ おねえさんは ＿＿＿＿＿＿＿＿＿＿＿＿＿＿＿＿＿。

4. ぼくはすもうをみたいです。

   ⇨ トムくんは ＿＿＿＿＿＿＿＿＿＿＿＿＿＿＿＿＿＿。

5. わたしはなつやすみに、はたらきたいです。

   ⇨ マリアさんは ＿＿＿＿＿＿＿＿＿＿＿＿＿＿＿＿＿。

せつめい 4

Specifying something with a verb

（マリアが）すんでいるところ　　A place where Maria lives

To describe something/someone with a verb, put the verb before the noun that is to be specified.　Remember the verb right before the noun always takes a plain form.

Ex. :

（コンサートに）いくひと　　The person who will go to the concert

（おかあさんが）かったセーター　　The sweater which my mother bought

（うちで、）べんきょうしている　　The friend who is studying at home
　　　　　　　　ともだち

きのう、しょくじをした　　The restaurant where we ate yesterday
　　　　　　レストラン

れんしゅう　(9-4-1)

Answer the following questions.

あそこは、なにをうっているみせですか。

れい：　❶は、くすりをうっているみせです。

1.　❷は、_____。

2.　❸は、_____。

3.　❹は、_____。

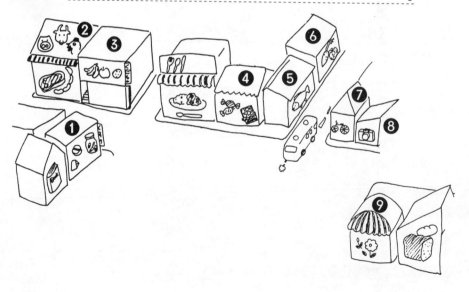

4. ❺は、＿＿＿＿＿＿＿＿＿＿＿＿＿＿＿＿＿＿＿＿＿＿＿＿。

5. ❻は、＿＿＿＿＿＿＿＿＿＿＿＿＿＿＿＿＿＿＿＿＿＿＿＿。

6. ❼は、＿＿＿＿＿＿＿＿＿＿＿＿＿＿＿＿＿＿＿＿＿＿＿＿。

7. ❽は、＿＿＿＿＿＿＿＿＿＿＿＿＿＿＿＿＿＿＿＿＿＿＿＿。

8. ❾は、＿＿＿＿＿＿＿＿＿＿＿＿＿＿＿＿＿＿＿＿＿＿＿＿。

うって　（て form of うります）　うります　to sell

れんしゅう　(9-4-2)

Answer the following questions.

れい：　ふじさんにのぼっているひとは、だれですか。
　　　　<u>ケントくんです。</u>

ケントくん

やまださん

マリアさん

おがわさん

みどりさん

たなかさん

しんじくん

チャンさん

スミスせんせい

1. つりをしているひとは、だれですか。

　⇨ ────────────────────────────。

2. バスていで、バスをまっているひとは、だれですか。

　⇨ ────────────────────────────。

3. レストランで、しょくじをしているひとは、だれですか。

　⇨ ────────────────────────────。

4. ほんをよんでいるひとは、だれですか。

　⇨ ────────────────────────────。

5. たなかさんのおくさんと、おちゃをのんでいるひとは、

　だれですか。　⇨ ──────────────────────。

6. いすにすわって、しんぶんをよんでいるひとは、だれですか。

　⇨ ────────────────────────────。

7. らくだにのっているひとは、だれですか。

　⇨ ────────────────────────────。

8. ひこうきにのっているひとは、だれですか。

　⇨ ────────────────────────────。

よみましょう　おぼえましょう

　マリアは いま、りょうしんと にほんに すんでいます。
りょうしんは にほんの かいしゃで はたらいています。マリアは、
ある こくさいがっこうの がくせいです。だから、えいごも
にほんごも じょうずに できます。

　こんど、マリアたちが すんでいるところの ちかくで、ばんぱくが
あります。がいこくからも おおぜい おきゃくさんが きます。
いま、ばんぱくの コンパニオンを ぼしゅうして います。
マリアは、なつやすみの あいだ ばんぱくで はたらきたいと
おもっています。それで、がっこうから かえってから、めんせつに
いきました。

かかりのひと：　がくせいさん ですね。

マリア　　　：　はい、そうです。

かかりのひと：　だいがくせい ですか。

マリア　　　　　：　いいえ、まだ こうこうせいです。
　　　　　　　　　　あのう、なつやすみの あいだだけ、
　　　　　　　　　　はたらきたいんですけど。

かかりのひと：　にほんごは、どのくらい できますか。

マリア　　　　　：　はなすことは できますけど、よみかきは、まだ
　　　　　　　　　　じしんが ありません。

かかりのひと：　そうですか。でも、とても じょうずに
　　　　　　　　　　はなせますね。それなら、だいじょうぶ ですよ。
　　　　　　　　　　ぜひ きてください。

マリア　　　　　：　はい。よろしく おねがいします。

かかりのひと：　では、しごとを はじめる まえに、
　　　　　　　　　　オリエンテーションを しますから、らいしゅうの
　　　　　　　　　　げつようびに、ここへ きてください。くじまでに
　　　　　　　　　　こられますか。

マリア　　　　　：　ええ、だいじょうぶです。

読みましょう　おぼえましょう

　マリアは 今、両親と 日本に 住んでいます。両親は 日本の 会社で
はたらいています。マリアは、ある 国際学校の 学生です。だから、
英語も 日本語も じょうずに できます。

　こんど、マリアたちが 住んでいる所の 近くで、万博が あります。
外国からも 大ぜい お客さんが 来ます。今、万博の コンパニオンを
募集して います。マリアは、夏休みの 間 万博で はたらきたいと
思っています。それで、学校から 帰ってから、面接に 行きました。

係の人：　学生さん ですね。

マリア：　はい、そうです。

係の人：　大学生 ですか。

マリア：　いいえ、まだ 高校生です。

　　　　　あのう、夏休みの 間だけ、はたらきたいんですけど。

係の人：　日本語は、どのくらい できますか。

マリア：　話すことは できますけど、読み書きは、まだ 自信が
　　　　　ありません。

係の人：　そうですか。でも、とても じょうずに 話せますね。
　　　　　それなら、だいじょうぶ ですよ。ぜひ 来てください。

マリア：　はい。よろしく お願いします。

係の人：　では、仕事を 始める 前に、オリエンテーションを
　　　　　しますから、来週の 月曜日に、ここへ 来てください。
　　　　　九時までに 来られますか。

マリア：　ええ、だいじょうぶです。

りょうしん　both parents　　ある〜　a certain...　　こくさいがっこう　interna-
tional school　　〜も〜も　both...and...　　ちかく　nearby　　ばんぱく　Expo
がいこく　foreign country　　おおぜい　many (people)　　コンパニオン　compan-
ion　　ぼしゅう　recruitment　　〜のあいだ　during...　　だけ　only
よみかき　reading and writing　　じしん　confidence　　それなら　in that case
だいじょうぶ　all right　　らいしゅう　next week　　までに　by

かんじのれんしゅう　Kanji for Writing

1．万（まん、ばん）

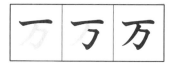

　*一万円（いちまんえん）
　*万博（ばんぱく）

2．休（やす）み

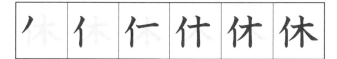

3．夏（なつ）

　*夏休み

4．外（そと、がい）

5．国（くに、こく）

　*外国（がいこく）

6．名（めい、な）

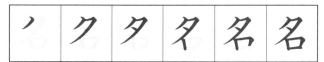

　*有名（ゆうめい）
　*名前（なまえ）

7. 今(いま)

今 今 今 今

8. 思(おも)う

思 思 思 思 思 思 思 思

思

*はたらきたいと思(おも)っています。

9. 高(こう)、高(たか)い

高 高 高 高 高 高 高 高

高 高

*高校(こうこう)

よみかえ
　間(あいだ)
　　*夏休(なつやす)みの間(あいだ)
　事(こと、ごと)
　　*仕事(しごと)

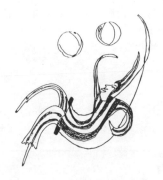

ACTIVITY ▶ ▶ ▶

1. Your Japanese friend found this advertisement in the newspaper and gave it to you, for you have been looking for a summer job.   You want to take this job, but you have to get your mother's approval.

   Your mother would like to know if:
   (1) it is a safe job for a young person.
   (2) she has to pack lunch for you.
   (3) she has to drive you to and from work.
   (4) you can visit the dentist once a week on a regular basis.

   If you succeeded in getting her permission, what do you have to do next?

夏休みのアルバイト募集

東京ワンダーランドでおもしろいアルバイトをしませんか。

仕事：　**A** ぬいぐるみを着てパレードをします。
　　　　B 船に乗ってお客さんに説明します。
　　　　C 小人の国で、ふうせんを売ります。

時間：　**10** 時から **6** 時（月曜日は休み）
時給：　**700** 円
年令：　**16** 才から **18** 才まで
待遇：　食事つき、交通費全額支給、各種保険あり、
　　　　制服支給
応募：　履歴書持参のこと

☎ **03-634-2330**
東京ワンダーランド事務所

パレード parade　　こびと dwarf　　ふうせん balloon　　たいぐう treatment (working condition)　　おうぼ application　　じさん to bring with you　　じむしょ office

2. Here is an application form for employment.   Fill it in.

もうしこみようし（A）
しめい（なまえはなんですか）：
せいべつ（おとこですか。おんなですか。）：　（　）おとこ　（　）おんな
がっこうめい（がっこうのなまえはなんですか）：
がくねん（なんねんせいですか）：
じゅうしょ（どこにすんでいますか）：
ねんれい（なんさいですか）：
でんわばんごう：　　☎(　　　　)－
しんちょう（せのたかさ）：　＿＿＿＿＿cm
しゅみ（すきなことはなんですか）：
とくぎ（とくいなこと）：

しめい　name (for official document)　　せいべつ　sex　　がくねん　your level at school　　ねんれい　age　　しんちょう　height　　とくぎ　special skill (ability)

3. Here is another kind of application form for employment.
   Fill it in.

申し込み用紙（B）

氏名（なまえ）　　　　　　　　（男・女）　　年　月　日生（　才）

現住所（今、すんでいるところ）　　　　　　　電話（　　）

学校名（がっこうのなまえ）　　　学年（なんねんせい）

家族氏名（かぞくのなまえ）　　　続き柄（例 父、母、兄、姉、etc.）

_____　（　　）　_____　（　　）

_____　（　　）　_____　（　　）

_____　（　　）　_____　（　　）

_____　（　　）　_____　（　　）

どうして万博ではたらきたいと思いますか。

日本語を使うアルバイトをしたことがありますか。　　　　ある　　ない

アルバイトできる期間　　　　　　　月　日　～　月　日

アルバイトできる時間

日	月	火	水	木	金	土
時	時	時	時	時	時	時
～	～	～	～	～	～	～
時	時	時	時	時	時	時

みんなで楽しい
万博を開こう

げんじゅうしょ　present address　　きかん　period of time　　れい　example

4. Make questions about each one of your classmates. In pairs ask each other and deduce to whom the question refers. Make as many questions as possible.

れい：　あたらしいスケートボードをかったひとはだれですか。

（ケントくんです。）

Expressing Intentions

Topic: Talking about future plans

Basic Expressions

1. にほんじゅう、りょこうする つもりです。 — I'm intending to travel all over Japan.

2. バスで、まわる よていです。 — We're planning to go around by bus.

3. にほんじゅう、あんないしようと おもいます。 — I think I'll show (him/her) all around Japan.

4. おとなに なったら、パイロットに なりたいです。 — When I grow up, I want to become a pilot.

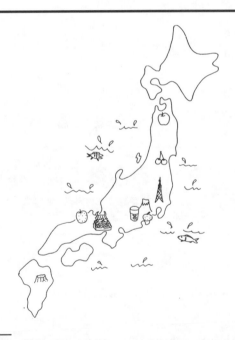

にほんじゅう all over Japan　りょこう trip　りょこうする to take a trip
つもり intention (See Explanation 1)　まわる to go around　よてい plan;
schedule (See Explanation 2)　あんない information　あんないしよう（よ）
う form of あんないします (See Explanation 3)　−とおもいます I think that...
おとな adult; grown-up　−になったら −たら form of −になります
−になります to become...

More expressions on the topic

1.	らいねん	next year
2.	らいがっき	next term
3.	つぎの＿＿	the next ＿＿
4.	こんどの＿＿	the coming ＿＿
5.	あとで	later
6.	しょうらい	in the future
7.	そつぎょうしたら	When I graduate
8.	＿＿を、たのしみにしている	look forward to ＿＿

いろいろなしごと

1.	いしゃ	doctor
2.	はいしゃ	dentist
3.	じゅうい	vet
4.	べんごし	lawyer
5.	しゃちょう	company president
6.	こうちょう	principal
7.	ひしょ	secretary
8.	がいこうかん	diplomat
9.	けんちくか	architect

せつめい　**1**

Expressing intention

りょこうするつもりです。　　　　　　　I'm going (intend) to take a trip.

When you want to express your intention of doing OR not doing something, say it this way:

（ぼく／わたし　は）　Dictionary form of Verb ＋ つもり　です。
　　　　　　　　　　　the ない form of Verb

Ex.:　あした、しけんだから、こんやは　　Since I have a test tomorrow,
べんきょうするつもりです。　　　　　I intend to study tonight.
　　　テレビは、ぜったいみないつもり　　I will absolutely not watch
です。　　　　　　　　　　　　　　TV.

The word つもり expresses a quite strong personal intention, so you can use it in telling your own intention without saying ぼく OR わたし.　You can also use it to describe another person's intention if you indicate whose intention it is.

Ex.:
おにいさんは、だいがくにいって　　My brother intends to study at
べんきょうするつもりです。　　　　the university.

れんしゅう　（10-1-1）

あした、なにをしますか。

りか	しんじ	ドナ	マリア	アン	ケント

れい：　り　か：　わたしはいけばなをならうつもりです。

1.　しんじ：　ぼくは ＿＿＿＿＿＿＿＿＿＿＿＿＿＿＿＿。

2.　ド　ナ：　わたしは ＿＿＿＿＿＿＿＿＿＿＿＿＿＿。

3.　マリア： ＿＿＿＿＿＿＿＿＿＿＿＿＿＿＿＿＿＿。

4.　ア　ン： ＿＿＿＿＿＿＿＿＿＿＿＿＿＿＿＿＿＿。

5.　ケント： ＿＿＿＿＿＿＿＿＿＿＿＿＿＿＿＿＿＿。

せつめい　2

Describing plans / schedule

バスでまわるよていです。　　　　　　We're planning to go around by bus.

Compare the following sentences.

1. なつやすみに、にほんへ　　　I'm going (intend) to go to Japan
   いくつもりです。　　　　　　during summer vacation.

2. なつやすみに、にほんへ　　　I'm planning to go to Japan during
   いくよていです。　　　　　　summer vacation.

In English, both of these sentences sound the same. You might be wondering what the difference is. つもり, just as you learned in the previous explanation, shows rather strong personal intention, whereas よてい shows simply your plan or schedule. Now if the plan is made by yourself, it reflects your own intention, so you can use either つもり OR よてい. If your plan or schedule has been made for you by someone else, you may want to say よていです。Using よてい or つもり in order to show your future plan depends on how strongly you want to indicate your intention.

The difference in usage is shown in the following situation.

Your friend asks if you want to play tennis with him/her. You've already made a plan to go shopping with somebody else. You'll have to refuse your friend's offer, but you don't want to hurt his/her feelings even if you prefer going shopping. Which would you say? "あしたは、かいものにいくつもりです。" OR "あしたは、かいものにいくよていです。" Which is better? Why?

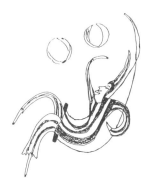

れんしゅう (10-2-1)

あなたのよていをはなしてください。

1. Form pairs and talk about your schedule for the holidays.
2. Interview two classmates to ask their schedule for the holidays.

	you	your friend A	your friend B
なつやすみ			
ふゆやすみ			
はるやすみ			
こんどのにちようび			

ふゆやすみ   winter vacation   はるやすみ   spring vacation

せつめい 3

Another way of expressing intention

にほんじゅう、あんないしようと　　　　I think I'll show him/her
おもいます。　　　　　　　　　　around Japan.

There is another way to express intention:
Plain form of the ましょう form of Verb ＋ と　おもいます。
I think I will ... .

This shows your intention: "I'll do something," OR "Let's do something."
In order to express intention using this expression, you'll have to master the
plain form of ましょう first.　You'll notice that Japanese people use this
form a lot when suggesting things among friends.

Remember in Lesson 2, you learned about the いちだん、ごだん、and
the irregular verbs in relation to the verb forms.　The plain form of ましょう
can also be classified in the same way.　Let's look at some examples:

polite	plain	polite	plain
たべ ましょう	たべ よう	のみ ましょう	のも う
み ましょう	み よう	きき ましょう	きこ う
おき ましょう	おき よう	かい ましょう	かお う
ね ましょう	ね よう	およぎ ましょう	およご う
き ましょう(きる)	き よう	おどり ましょう	おどろ う
あげ ましょう	あげ よう	かえり ましょう	かえろ う

144

し ましょう　　　　　し よう
き ましょう　　　　　こ よう

1. For いちだん and irregular verbs, add the suffix - よう to the verb stems.
2. For ごだん verbs, add the suffix - う to the verb stem which ends in お だん。(お、こ、そ、と、etc.)

べんきょうするつもりです。 ＝ べんきょうしょうとおもいます。
(I intend to study)　　　　　　　(I think I'll study)

Now one thing you'll have to be careful of is that - (よ)うとおもう describes the intention of ぼく OR わたし. If you want to use it in expressing another person's intention, you must say おもっている for おもう and mention the subject just like you did for the たい form. (Lesson 9 Explanation 3)

Ex.:

おにいさんは、なつやすみに　　　My brother is thinking of going to
ハワイへいこうとおもっています。　Hawaii during the summer vacation.

れんしゅう (10-3-1)

Change the following verbs into plain form.

れい：　いきましょう　　　いこう

1. かえりましょう　　　　　------------------------------
2. たべましょう　　　　　　------------------------------
3. のみましょう　　　　　　------------------------------
4. よみましょう　　　　　　------------------------------
5. みましょう　　　　　　　------------------------------
6. かいましょう　　　　　　------------------------------
7. かいてあげましょう　　　------------------------------
8. あんないしましょう　　　------------------------------

れんしゅう (10-3-2)

Give the alternatives for the following expressions.

れい：　いくつもりです　　　　いこうとおもいます

1. かえるつもりです　　　--
2. おきるつもりです　　　--

3. あそぶつもりです
4. べんきょうするつもりです
5. あるくつもりです
6. かうつもりです
7. きくつもりです
8. あんないするつもりです

れんしゅう (10-3-3)

Give your response in plain form to the following statements.

れい： かいませんか、やすいですよ。

 （ じゃあ、かおう。 ）

1. たべませんか、おいしいですよ。

 （　　　　　　　　　　）

2. のりませんか、あるくと とおいですよ。

 （　　　　　　　　　　）

3. よみませんか、おもしろいですよ。

 （　　　　　　　　　　）

4. みませんか、きれいですよ。

 （　　　　　　　　　　）

5.　いきませんか、たのしいですよ。

 (　　　　　　　　　　)

6.　しませんか、おもしろいですよ。

 (　　　　　　　　　　)

_____

じゃあ　　Then ; In that case . . .

┤ せつめい　4 ├─────────────────────

Expressing what you want to be
　おとなになったら、パイロット　　　When I grow up, I want to be a pilot.
になりたいです。

　Remember when you bought tickets to a concert (Lesson 5), you learned
how to say that your bill came to such and such yen.
Ex. :　いくらですか。　　　　　　　How much is it ?
　　　いちまんさんぜん　ごひゃく　　It comes to 13,500 yen.
　　　えんになります。

　In this lesson, you're going to learn that "～になる" means "to
become . . . ," and that you can use this expression to talk about your future
plans.　　To express what you'd like to be in the future, set up your sentence
this way :

(ぼく/わたし　は)│ Noun 　　　　│＋に＋なりたいです。
　　　　　　　　　│ な　Adjective │

Ex. :
　おいしゃさんになりたいです。　　I want to be a doctor.
　きれいになりたいです。　　　　　I want to be pretty.

　For the Adjective, change い to く , then say なりたい .
Ex. :　もっとおおきくなりたいです。　　I want to be taller.

れんしゅう (10-4-1)

Look at the pictures in the box.　What would these children say?

れい：　ラジブ　「おとなになったら、こうちょうせんせいになりたい
です。」

まりこ	クレイグ	しんじ	マリアン	ピーター	カイリ

ミンサン	たろう	ブロンウィン	ロジャー	メイリー	ラジブ

れんしゅう (10-4-2)

Interview your classmates about their future plans.　Ask what they want to be
when they graduate from school OR college.　Write them down.

れい：	まりこ	「かんごふさんになりたいです。」
1.		「　　　　　　　　　　　　　　　　　　　　　　　　　　　　。」
2.		「　　　　　　　　　　　　　　　　　　　　　　　　　　　　。」
3.		「　　　　　　　　　　　　　　　　　　　　　　　　　　　　。」
4.		「　　　　　　　　　　　　　　　　　　　　　　　　　　　　。」
5.		「　　　　　　　　　　　　　　　　　　　　　　　　　　　　。」

<u>れんしゅう</u>　(10-4-3)

いくらに　なりますか。

れい：　　Ｔシャツ　＋　ジーパン　＝　<u>6,500 えんに　なります。</u>
　　　　　（￥1,500）　　（￥5,000）

1.　ハンバーガー　＋　ジュース　＋　アイスクリーム　＋　コーヒー
　　　（￥300）　　　　　（￥200）　　　　　（￥250）　　　　　（￥150）

　　＝ .... 。

2.　ノート　＋　けしゴム　＋　ちず　＋　ボールペン
　　（￥700）　　　（￥50）　　　（￥950）　　　（￥230）

　　＝ .... 。

3.　（テープ　×　2）＋（レコード　×　3）＋（でんち　×　10）
　　　（￥500）　　　　　（￥1500）　　　　　（￥75）

　　＝ .... 。

<u>れんしゅう</u>　(10-4-4)

These are her desires.　Fill in the blanks to complete them.

きれい（　　　）なりたい。
かわい（　　　）なりたい。
せんせい（　　　）なりたい。
はやく、おおき（　　　）なりたい。
せいせきがよ（　　　）なりたい。
にほんごがじょうず（　　　）なりたい。

よみましょう　おぼえましょう

　おがわさんの　うちに、がいこくから　おきゃくさまが　きます。
オーストラリアからの　こうかんりゅうがくせいです。おがわさんの
うちに　いっかげつ　とまって、そのあいだに　たけしと　ふたりで
にほんじゅう　いろいろな　ところを　りょこうする　よていです。
たけしは、こうこうで　えいごを　べんきょう　していますが、まだ
そんなに　じょうず　ではありません。そこで、まず　たけしは

Lesson 10

あんない するときに ひつような ことばを にほんごで かいて
みました。それから その ことばの いみを じしょで しらべて
リストを つくりました。

たけしが つくった リスト

かんこう	sightseeing	かいがん	beach
けんがく	observation	きねんひ	monument
じこくひょう	timetable	はくぶつかん	museum
りょこうあんない(ガイドブック)		びじゅつかん	art museum
	traveler's handbook	どうぶつえん	zoo
こくりつこうえん	national park	めいぶつ(とくさんひん)	
しんりんこうえん	forest park		special product
おんせん	hot spring	りょうきん	fare; fee
ユースホステル	youth hostel	みやげものや	souvenir shop
ホテル	hotel	たかさ	height
みんしゅく	tourist home	おもさ	weight
	(minshuku)	めんせき	area
りょかん	inn (ryokan)	じんこう	population
おてら	temple (Buddhist)	いし	stone
じんじゃ	shrine (Shinto)	せいどう	bronze
たき	waterfall	き	wood
うみ	ocean; beach	つち	earth; soil

こうかんりゅうがくせい exchange student　　いっかげつ one month
－にとまります to stay at　　そのあいだ during that
そんなに...ない not so　　そこで therefore　　まず first of all
ひつよう(な) necessary　　ことば words　　いみ meaning　　じしょ diction-
ary　　しらべます to check

　ロジャー・グリーンさんは、オーストラリアの だいがくせいです。
だいがくで、にほんの けいざいについて けんきゅう しています。
なつやすみに にほんへ いきます。ロジャーさんは、
ホームステイさきの こうこうせいの おとこのこと にほんじゅう
りょこう するつもりです。にほんに いったら、にほんごで
いろいろ しつもん したいとおもって、いま にほんごの
べんきょうを しています。

ロジャーが つくった リスト

What is this for?	これは なんの ための ものですか。
What is it famous for?	〜は なんで ゆうめい ですか。
When was it made?	いつ できましたか。
What is it made of?	なんで できていますか。
At what time are we arriving?	なんじに つきますか。
At what time are we leaving?	なんじに でますか。
How much is the fare?	りょうきんは いくらですか。
What is the special product?	とくさんひんは なんですか。

What is the	population	?	じんこうは	どのくらいですか。
	area		めんせきは	
	distance		きょりは	

Where are we staying overnight?	どこに とまりますか。
How much is it for a night?	いっぱく いくらですか。
How much does it cost us?	いくら かかりますか。
How long does it take?	どのくらい かかりますか。
Do we need ...?	〜が いりますか。

けいざい　economy　(something) について　about (something)　けんきゅう
research　(ホームステイ) さき　destination (a home where you're going to stay)

読みましょう　おぼえましょう

　小川さんの　うちに、外国から　お客さまが　来ます。
オーストラリアからの　交換留学生です。小川さんの　うちに　一か月
とまって、その間に　健と　二人で　日本中　いろいろな　ところを
旅行する　予定です。健は、高校で　英語を　勉強　していますが、まだ
そんなに　じょうず　ではありません。そこで、まず　健は　案内
する時に　必要な　ことばを　日本語で　書いて　みました。
それから　その　ことばの　意味を　辞書で　しらべて　リストを
作りました。

　　健が作ったリスト

観光	ユースホステル	記念碑	高さ
見学	ホテル	博物館	重さ
時刻表	民宿	美術館	面積
旅行案内	旅館	動物園	人口
（ガイドブック）	お寺	名物	石
国立公園	神社	（特産品）	青銅
森林公園	滝	料金	木
温泉	海	みやげもの屋	土
	海岸		

　ロジャー・グリーンさんは、オーストラリアの　大学生です。
大学で、日本の　経済について　研究　しています。夏休みに
日本へ　行きます。ロジャーさんは、ホームステイ先の　高校生の
男の子と　日本中　旅行　するつもりです。日本に　行ったら、日本語で
いろいろ　質問　したいと思って、今　日本語の　勉強を　しています。

　　ロジャーが作ったリスト
　これは　何の　ための　ものですか。
　～は　なんで　有名　ですか。
　いつ　できましたか。

何で できていますか。　　　どこに とまりますか。

何時に 着きますか。　　　一ぱく いくらですか。

何時に 出ますか。　　　　いくら かかりますか。

料金は いくらですか。　　　どのくらい かかりますか。

特産品は 何ですか。　　　～が いりますか。

人口は ｜
面積は ｜ どのくらいですか。
距離は ｜

かん字のれんしゅう　Kanji for Writing

1. 川（かわ、がわ）

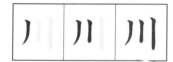

2. 作（つく）る

3. 書（か）く

4. 質（しつ）

5．問（もん）

*質問（しつもん）

6．子（こ）

*男（おとこ）の子（こ）

7．寺（てら）

*お寺（てら）

8．有（ゆう）

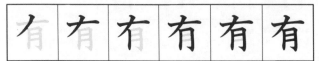

*有名（ゆうめい）な

9．話（はな）す

10. 読(よ)む

11. 例(れい)

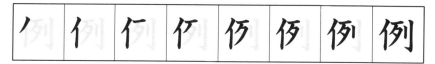

12. 木(き、もく)

*木(き)
*木曜日(もくようび)

13. 石(いし)

14. 土(つち、ど)

*土(つち)
*土曜日(どようび)

よみかえ

中(じゅう、ちゅう)
　*日本中(にほんじゅう)
　*中学(ちゅうがく)
学(がく)
　*見学(けんがく)
　*中学(ちゅうがく)
着(つ)く
　*何時に着(つ)きますか。
人(じん)
　*人口(じんこう)
　*アメリカ人(じん)
口(こう)
　*人口(じんこう)

ACTIVITY ▶ ▶ ▶

1. You want to know what some of your friends are planning to do during the vacation. You have only part of the information about them. (Chart A) Your friend has the other part. (Chart B on the next page). Form pairs, ask each other questions, and complete the charts. Then interview some of your classmates and fill in Chart C. Write down your own vacation plan in the space provided.

Chart A	ピーター	ロジャー	メイリー	まりこ	ブロンウイン
いつ	なつやすみ		なつやすみ		なつやすみ
どのくらい	ごしゅうかん	にしゅうかん			はつかかん
どこへ			おきなわ	メルボルン	
なんで		バイク			
とまるところ					ホテル
だれと			いとこ	ひとりで	
どんな よてい/ なにを するつもり	はなの けんきゅう				ようふくを かう

テント　tent　　はな　flower　　おきなわ　Okinawa　　いとこ　cousin
メルボルン　Melbourne　　ひとりで　alone　　はつかかん　20 days
ようふく　clothes

Chart B	ピーター	ロジャー	メイリー	まりこ	ブロンウイン
いつ		はるやすみ		おしょうがつ	
どのくらい			いっかげつ	さんしゅうかん	
どこへ	ブラジル	はこね			ロンドン
なんで	ひこうきと4WD		フェリー		ひこうきとくるま
とまるところ			みんしゅく	ともだちのうち	
だれと	だいがくのせんせい	おとうと			おとうさん
どんなよてい/なにをするつもり				ペンギンをみにいく	

4WD four wheel drive　　はこね Hakone　　いっかげつ one month
フェリー ferry　　ペンギン penguin

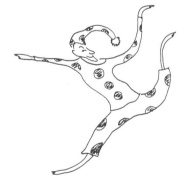

Lesson 10

Chart C	さん	さん	くん	くん	じ ぶん (ぼく/わたし)
いつ					
どのくらい					
どこへ					
なんで					
とまるところ					
だれと					
どんな よてい/ なにを するつもり					

158

2. Your friends are visiting Kyoto（OR Tokyo）. Ask their plans in Kyoto, and give them your advice. They have two days in Kyoto. One of them is interested in shopping, and the other is interested in sports and movies.

とう　きょう
東　京

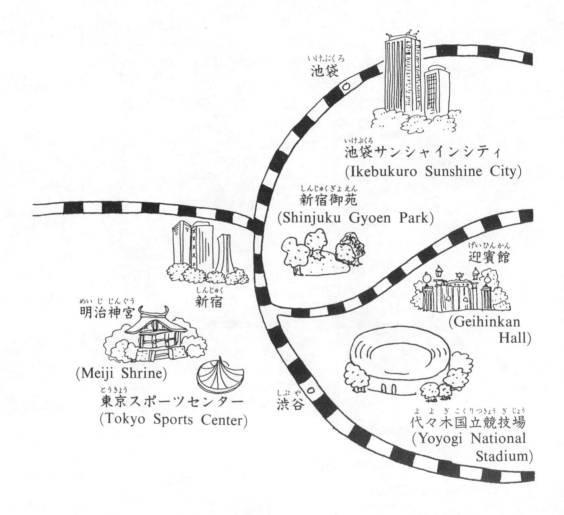

いけぶくろ
池袋

いけぶくろ
池袋サンシャインシティ
(Ikebukuro Sunshine City)

しんじゅくぎょえん
新宿御苑
(Shinjuku Gyoen Park)

げいひんかん
迎賓館
(Geihinkan
Hall)

しんじゅく
新宿

めいじじんぐう
明治神宮
(Meiji Shrine)

とうきょう
東京スポーツセンター
(Tokyo Sports Center)

しぶや
渋谷

よ　よ　ぎ　こくりつきょうぎじょう
代々木国立競技場
(Yoyogi National
Stadium)

成田空港
(Narita Airport)

浅草寺
(Asakusa Kan-non Temple)

東京ドーム
(Tokyo Dome)

上野

上野動物園 (Ueno Zoo)

浅草

秋葉原

皇居
(Tokyo Imperial Palace)

東京タワー
(Tokyo Tower)

東京

東京ディズニーランド
(Tokyo Disneyland)

議事堂
(Diet Building)

銀座

歌舞伎座
(Kabuki-za Theater)

羽田空港
(Haneda Airport)

3. Your Japanese friends are visiting your town. Bring actual timetables, maps, travel guide, etc., and make travel plans for them. Form pairs and role play this. In doing this, use as many words and expressions as possible that you learned on page 140.

さくいん

にほんご かんたん
Speak Japanese (**BOOK 2**)

1991 年 1 月 25 日　初版発行
1995 年 10 月 5 日　7刷発行

KENKYUSHA

〈検印省略〉

著　者　　吉　岐　久　子
　　　　　坂　　起　　世
発行者　　浜　松　義　昭
印刷所　　研究社印刷株式会社

発行所　　研究社出版株式会社

〒102
東京都 千代田区富士見 2-11-3
電話　(編集) 03 (3288) 7755 (代)
　　　(販売) 03 (3288) 7777 (代)
振　替　00170-2-83761

ISBN4-327-38424-0 C1381